# 나는 왜 나에게만 가혹할까

자신에게 유독
엄격한 사람들을 위한
**죄책감 버리기 연습**

# 나는 왜 나에게만 가혹할까

**사이토 사토루** 지음
**기즈키 지아키** 엮음
**장은주** 옮김

심플라이프

SELF TEST

## 나의 죄책감 지수는 어느 정도일까?

다음 문항을 읽고 해당하는 곳에 체크하세요.

1 ______ 대화가 끝나면 나는 대화를 곱씹거나 후회할 때가 많다.

2 ______ 내 행동이 옳았는지, 최선이었는지 확인하곤 한다.

3 ______ 생각과 고민이 많은 편이며 행동에 의미가 있어야 마음이 편하다.

4 ______ 상대편 입장에서 생각할 때가 많다.

5 ______ 과거에 내가 했던 일을 자주 후회한다.

6 ______ 웬만해선 내가 마음에 들지 않는다.

7 ______ 부모님이나 주변 환경을 자주 원망한다.

8 ______ 아무리 노력해도 있는 그대로의 나를 인정하기 힘들다.

9 ______ 이유 없이 우울하거나 깊은 좌절감이 들 때가 많다.

10 ______ 누군가의 부탁이나 제안을 거절하고 나면 미안한 마음이 든다.

11 ______ 소속된 조직에 피해를 주는 게 아닌가 자주 점검하는 편이다.

12 ______ '내가 좀 더 잘했더라면'이라는 생각을 자주 한다.

13 ______ 누군가 기분이 나쁘면 눈치가 보이고, 내 잘못은 없나 돌아본다.

14 ______ 주위에 사람이 적은 건 내 탓이다.

15 ______ 내가 기대하는 나와 현실의 나는 많이 다르다.

16 ______ 자괴감이 자주 든다. 내가 부족한 탓이다.

17 ______ 나는 대체적으로 나 자신을 객관적으로 보고 있다고 생각한다.

18 ______ 누군가에게 사랑받고 있다고 느낄 때가 별로 없다.

19 ______ 열심히 살았지만 노력에 비해 결과가 불만족스럽다.

---

7개 이상에 체크했다면,
지금 마음 점검이 필요한 시간!

---

**죄책감이 왜 생겨났고,**
**어떻게 문제가 되며,**
**사라지게 하는 방법은 무엇인지**
**본문 안에서 확인해보세요!**

서문

## 우리는 왜 늘 성장하고 변화해야 할까?

삶에 지쳐 힘들고 괴로워하는 사람이 많다. 우울하고, 불안하고, 두렵고, 숨쉬기가 어려운 사람, 그래서 술에 기대고 약물에 의존하고 죄 없는 사람에게 화풀이를 하는 사람. 정신과 의사로서 나는 50년이 넘는 시간 동안 스스로를 어쩌지 못해 발버둥 치는 이런 사람을 수없이 보아왔다. 그들이 살아온 이야기를 듣고, 그들의 감춰진 내면을 들여다보면서 날 찾아온 이들이 자신을 감당할 수 있는 사람으로 다시 태어나기를 바랐다. 세상의 모든 문제를, 주변의 나쁜 감정을 모두 자신 탓으로 돌리며 스스로를 공격하지 않기를 바랐다. 자신의 아픈 마음이 건네는 말을 제대로 듣고 그것을 보살펴 상처를 치유하길 바랐다. 그들에게 진정으로 도움을 주고 싶었다.

정신과 의사로 살아오며 내가 전하고자 한 메시지는 일관된다. "많은 사람이 근거도 없이 스스로 비난하고 책망하며 필요 없는 죄책감을 안고 산다. 끊임없이 자신을 상처 내며 살아간다. 나에게 상처 줄 수 있는 사람은 오직 자신뿐임을 모른 채, 세상에서 나에게 가장 많은 상처를 안겨주는 사람은 바로 자신이라는 사실을 모른 채 그저 고통스러워한다. 그리고 이것이 다양한 병의 근원이 되고 있다"는 것이었다.

내가 풋내기 정신과 의사이던 시절, 알코올의존증이 있는 환자들의 회복 프로세스를 배우고 과식증과 거식증, 도박중독, 일중독, 도벽 같은 문제 행동이 있는 사람들의 재활을 도우며 나만의 치료법을 발전시켜나갔다. 임상 과정에서 본 그들은 쉽게 긴장하고 인간관계로 힘들어하며 타인에게 약점을 내보이지 못했다. 예컨대 알코올의존증 환자는 잘난 체하거나 긴장을 풀기 위해 술을 마시고 일중독자는 큰 조직을 자신이 움직인다는 기분을 느끼기 위해 일에 몰두한다.

있는 그대로의 자신으로 있어서는 안 된다고 생각한다는 점에서 대인공포증 환자와 비슷했다. 대인공포 때문에 일상생활이 극도로 힘들다고 하지만 그 바탕에는 망상이라고 해도 좋을 자기처벌이 존재한다. 문제 행동이 있는 사람은 성장하면서 자신이 타인에게 상처를 준다거나 자신의 존재가 타인에게 폐가 된다는 그릇된 사고가 뿌리박혀 스스로 비난하고 괴로워한다.

이런 착각 때문에 몸이 망가질 때까지 먹고 토하며 자신을 버리지 말라고 주변 사람에게 매달리거나, 술을 진탕 마시고 차에 뛰어들거나, 가장 소중한 아내와 자식이 등을 돌릴 때까지 일에 매달릴 수밖에 없다. 그런 식으로 자신이 형편없는 인간임을 더 강하게 주장하며 자신에게 벌을 내리고 있었다. 또한 서툰 인간관계밖에 맺지 못하는 이런 사람들 곁에는 늘 '자신을 필요로 하는 존재'를 원하는 '공의존증' 파트너가 붙어 있었다. "어떻게든 저 사람을 구하겠다"며 온갖 수단을 동원하지만 그들로 인해 오히려 문제 행동이 점점 강화되는 악순환에 빠지곤 했다.

이처럼 인간관계에 초점을 두고 보면, 가족 간에 일어나는 아동 학대나 폭행 같은 가정 폭력 역시 '가족 문제'라는 하나의 뿌리로 이어져 있음을 알 수 있다. 가족 문제의 배경에는 반드시 자기인식의 문제가 가로놓여 있다. 자기애가 받는 상처 문제라 해도 좋다. 본문에도 나오겠지만 가장 원시적인 자기애의 형태는 한없는 관용과 애정으로 자식을 바라보는 어머니의 시선이다. "너는 사랑받아 마땅해!"라는 부모의 애정을 듬뿍 받고 자란 아이는 타인의 시선에 연연하지 않고 스스로 가장 행복한 삶을 살아갈 수 있다.

하지만 그게 말처럼 쉽지 않다. 요즘 같은 경쟁 사회에서는 태어나자마자 타인과 비교당하며 우열이 매겨져 시장 사회에서 통하는 '우량품'인지 규격 외의 '불량품'인지 평가받는다. 가정 또한 사회의 일부이자 사회의 가치관에 좌우되는 곳이기에 부모는 자식이 규격 외의 인간이 되지 않기를, 가능하면 '우량품'이 되기를 기대한다. 이런 시선 속에서 살아가면 마음속에 엄격한 자기 감시 장치가 작동해 한시도 편히 쉴 수가 없다. 끊임없이 자신의 단점을 지적하고, 장점보다 단점에 집중해 자신을 낮게 평가하며, 필요 이상으로 잘난 사람으로 보이려고 애쓰다 어느 순간 진짜 자신을 잃어버리는 악순환에 빠져 괴로워한다.

이런 불필요한 죄책감에서 비롯된 증상을 '필요한 것'으로 긍정하고 관심 있게 지켜보며 그들이 지금까지와는 달리 있는 그대로의 모습을 인정할 수 있도록 힘을 주는 것, 그들이 자신에게 내리는 평가를 높여 상처 입은 자기애를 치유하도록 하는 것이 나의 일임을 매 순간 통감한다.

요 몇 년 새, 내 생각과 느낌을 제대로 된 형식으로 전하고 싶은 마음이 간절했으나 환자들과 부딪히는 현장에서 하루하루 쫓기듯 바쁘게 살아오느라 좀처럼 시간을 낼 수 없었다. 그 사이 2016년에 가나가와현 사가미하라시의 한 장애인복지시설에서 그 시설에서 일했던 전 직원이 "장애인이 없어져 버렸으면 좋겠다"며 입소자 19명을 살해하고 27명에게 중경상을 입힌 사건이 발생했다. 그리고 2017년에는 가나가와현 자마시의 한 아파트에서 "자살 동반자를 찾는다"며 젊은이들을 끌어들인 뒤 9명을 차례로 살해하고 시체를 유기한 사건이 일어났다.

아마 이 두 살인자는 장애인과 자살을 꿈꾸는 사람들을 직접 제거하며 자신의 우월감을, 자신이 결코 불량품이 아님을 확인코자 했을 것이다. 누군가를 살 가치가 없다고 판단하거나, 우량품만 살아남아야 한다는 생각이 말과 행동으로 표출되는 모습을 우리 주변에서도 심심치 않게 목격할 수 있다. 내부에서 솟아나는 분노를 마구잡이로 쏟아내며 주변 사람들과 나 자신을 상처 입히는 모습도 자주 목격한다. 이런 일들이 점점 일상적, 극단적으로 치닫는 현실을 보면서 이제 더는 미룰 수 없겠다고 생각했다. 스스로를 지옥 속으로 몰아넣는 사람들의 행동에 제동을 걸고 싶었다. 더불어 고독감과 외로움에 몸부림치는 사람들이 지금 이대로의 나로 괜찮다는 사실을 깨닫도록 도움을 주고도 싶었다. 용기를 주고 싶었다.

이 책을 읽는, 마음이 아픈 사람들이 자신의 가치를 깨닫고 조금이나마 편안해진다면, 힘을 얻을 수 있다면 행복하겠다.

# 차례

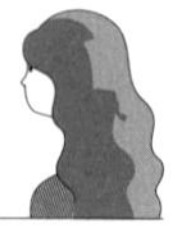

## 2장 '나는 사랑받을 만한 사람인가?' 의구심이 고개 들 때



## 3장 타인의 시선에 얽매여 답답할 때

## 4장 인간관계에서 소외당할까 봐 두려울 때



## 5장 아무도 내 마음을 몰라준다고 느낄 때

## 6장 '되는 일이 하나도 없다'는 생각이 들 때



## 7장 나에게 상처 준 사람을 용서할 수 없을 때

# 1장 : 나 혼자만 뒤처지는 것 같아 불안할 때

1

**사람들은 나쁜 짓을 했을 때만**
**죄책감을 느끼지 않는다.**
**시도 때도 없이 비합리적이고 불필요한**
**죄책감을 멋대로 안고 산다.**
**그리고 그 무게에 따라**
**어리석은 행동을 하기도,**
**악행을 저지르기도 한다.**

## 내 잘못이라는 생각에서 벗어나기

오랫동안 현역에서 활동해온 의사로서 나는 단언한다. 모든 죄책감은 필요 없다.

죄책감은 보통 '좋다', '나쁘다'에 관한 집단의 규칙을 내면화했을 때 생겨난다. 즉 나의 행동과 생각이 죄가 된다는 감정은 관계 속에서만 나타나며 타인의 시선을 너무 의식하기 때문에 갖게 된다. 아주 쉬운 예를 들어보자. 오늘 아침 어머니에게 짜증을 내고 외출했더니 죄책감이 생겨 마음이 찜찜하다. 이 감정은 '부모에게 화를 내면 나쁜 아이'라는, 사회에서 통용되는 일반적인 신념을 받아들였기 때문에 생겨난 것이다. '나의 의사에 반하는 행동을 나에게 하는 사람은 그게 누구든 제지하고 막을 권리가 있다'는 관념이 통용되는 사회에서 자란 사람이라면 어머니에게 짜증을 냈더라도 죄책감을 느끼지 않는다.

죄책감이 문제가 되는 지점이 바로 여기에 있다. 죄책감은 사람들의 마음속 깊숙한 곳에 터를 잡고 '내적 어머니inner mother'라 불리는, 자신에게 혹독한 비판자가 된다. 내적 어머니는 실제 어머니와는 다르다. 부모 자체가 아닌 '세상의 눈'이다.

내적 어머니는 자신의 무능함, 게으름, 비참한 상태를 비난하며 한시도 마음 편히 있도록 놔두지 않는다. 내가 스스로 만들어낸 이 '내 안의 어머니'가 '내 안의 아이'를 옥죄고 다그쳐 무척 괴롭다. 너무 목을 조여와 숨을 쉬기가 어렵다. 내적 어머니에게 지배당한 사람은 일중독자 혹은 아무것도 하지 않는 완벽주의자가 된다. 마른 몸매를 추구하는 거식증 또는 과식증에 빠지거나 용모에 집착하는 외모강박증에 사로잡히기도 한다.

내 안의 비판자는 내가 어떤 행동을 해도 마음에 들어 하지 않는다. 일을 하지 않는다고, 쓸모없는 인간이라고, 너무 살이 쪘다고, 못생겼다고 끊임없이 비난하고 상처 입힌다.

이런 이야기를 들으면 사람들은 스스로 만들어낸 마음속 어머니이니 마음만 먹으면 간단히 없앨 수 있는 것 아니냐고 말한다. 하지만 자신의 욕망을 파악하고 현실을 똑바로 바라보지 않는 이상 없앨 수 없다. 오랫동안 외부의 기준에 맞추며 살아온 사람은 자신의 욕망을 어떻게 들여다봐야 하는지조차 알지 못한다. 아무리 옆에서 '좋아하는 일을 찾으라'고 말해도 그 방법을 모르니

답답하고 그런 조언이 또 다른 스트레스로 다가올 뿐이다.

많은 사람이 더는 아프기 싫다는 이유로, 두렵다는 이유로 자신의 상처를 외면하고 도망친다. 그렇게 내적 어머니는 서슬 퍼렇게 살아서 자학으로 치닫는다.

내적 어머니의 형성을 막는 것은 존재 자체를 그대로 인정해주는 '안전한 어머니'이다. 하지만 '내가 이렇게 해야만 사랑받을 수 있다'는 환경 속에서 살아왔다면 이미 강력한 내적 어머니를 갖고 있을 것이다.

그렇다면 먼저 질문을 던져보자. 이 죄책감의 원인은 무엇인가? 그것이 정말 나의 잘못인가? 왜 내 탓이라고 생각하는가? 계속 파고들어 가다 보면 실체 없는 죄의식에 사로잡혀 있었음을 깨달을 것이다.

우리는 모두 하고 싶은 일, 할 필요가 있는 일만 해도 이 세상을 잘 살아갈 수 있다는 사실을 잊지 말자.

## 2

무얼 해야 좋을지 몰라 방황만 하다가
나 혼자 뒤처질 것 같아 불안한가?
그때그때 관심 분야가 바뀌어
전문성이 부족하다고 생각하는가?
당신이 하고 싶은 일이라면
누구에게든 변명할 필요 없다.
어차피 이 세상에서
똑같은 인생을 사는 사람은 없다.

# 쓸모가 있는지 없는지는 제가 결정할게요

의사 가운을 입은 뒤로 나는 알코올의존증 치료에 몸담았고, 그 이후 가정 폭력, 거식증, 과식증 치료 등에도 관여해왔다. 남들 눈에는 한 분야를 깊게 파고들지 않고 여기저기 기웃대는 변덕스러운 사람으로 보였을지 모른다. 어쩌면 전문성이 부족한 의사라고 생각했을지도 모르겠다. 하지만 나는 오직 한 우물만을 파왔다. 알코올의존증도 과식증도 '그것을 하지 않고는 살아갈 수 없는' 완전히 똑같은 종류의 병이다. 그리고 그 뿌리에는 모두 가족이 있다. 가족 안에서 생긴 상처, 갈등, 문제가 마음을 병들게 하고 병든 마음이 문제 행동으로 표출된 것이다.

어떤 사람에게 대체 무엇을 좋아하는지, 앞으로 무슨 일을 하고 싶은지, 그래서 지금 어떤 노력을 하고 있는지 물어도 대부분 쉽게 대답하지 못한다. 다들 그렇게 살고 있으니까 많은 사람이 좋아하니까 휩쓸려 살아가기도 하고, 사람들이 안정적이라고 말하는 길과 내가 가고 싶은 길이 달라 갈등하기도 하고, 이것도 해보고 싶고 저것도 해보고 싶어 다양한 분야에 조금씩 손을 대보기도 한다.

어떤 경우든 내가 하고 싶은 일이라면, 내가 선택한 일이라면 굳이 변명할 필요는 없다. 이 세상에서 똑같은 인생을 사는 사람은 없다. 롤모델이 있고, 아무리 그 사람처럼 살려 해도 예상치 못한 난관이 닥쳐 의외의 곳으로 흘러가는 게 인생이다. 나처럼 사는 사람은 나밖에 없으니 나만의 길을 개척해야 한다. 누구도 내 인생을 맞다 틀리다 옳다 그르다 평가할 수 없다.

시간이 흘러 지나온 삶을 돌아보면 그 당시에 내가 그런 선택을 내릴 수밖에 없었음을, 그 외의 나는 있을 수 없었음을 깨닫는 시기가 분명 찾아온다. 내가 여러 분야를 기웃거렸으나 결국 가족이라는 한 우물을 파왔듯 좌충우돌, 우왕좌왕하는 모두의 삶 또한 나중에 돌아보면 일관된 흐름을 발견할 수 있을 것이다.

내 인생의 흐름을 찾아내는 것은 오직 나만이 할 수 있는 중요한 일이다. '아직도 나는 내 길을 찾지 못했다'고 조급해하거나 절망할 필요 없다. 마음만 괴로울 뿐 해결되는 일은 아무것도 없기 때문이다. 우선 눈앞에 닥친 일을 최선을 다해 해결하며 한 발 한 발 나아가다 보면 나만의 길을 발견할 수 있을 것이다.

3

당신이 하는 일은 전부
자신을 지키기 위한 것이다.
아무리 어리석어 보여도
사람이 하는 일에는 타당한 이유가 있으며
필요 없는 것은 하나도 없다.
그것은 살아남기 위한 필사의 노력이다.

# 나름대로 열심히 살고 있습니다

알코올의존증도 과식증도 자해도 확실하게 몸을 망가뜨리는 일이다. 따라서 전문가들은 이런 행위를 '만성 자살'이라 부르며 자살 행위의 일종으로 보기도 한다. 하지만 우리가 중독addiction이라 부르는 행위는 자기방어 기제, 즉 생존에 도움이 되는 몸부림이므로 자살과는 정반대라고 할 수 있다.

사람들이 중독으로 치닫는 데는 겉으로 드러나지 않은 숨은 이유가 있다. 예컨대 먹고 토하기를 반복하는 여성은 죽음을 앞둔 병자처럼 누군가의 도움 없이는 살 수 없다고 생각한다. 반복해서 술을 마시는 사람의 마음속에는 '아무것도 하지 않겠어. 아무것도 할 수 없어. 있는 그대로의 나를 사랑해줘'라는 욕망이 숨어 있다. 불면으로 고통받는 사람은 '아무것도 하지 않아도 되게 시간이 영원히 멈췄으면 좋겠어'라는 마음을 감추고 있다.

본심을 꽁꽁 숨겨둘 수도, 그렇다고 대놓고 드러낼 수도 없으니 자신을 괴롭히며 어떻게든 살려고 몸부림치는 것이다.

이런 내 모습에서 장점을 발견하고 자신을 칭찬하기는 쉽지 않다. 매일 술을 마시는 내가, 폭식하고 토하기를 반복하는 내가, 아무런 의욕도 없는 내가 멋져 보이진 않는다. 이 같은 행동이 모든 걸 압도해 내가 가진 다른 장점을 뒤덮어버린다.

하지만 나는 말해주고 싶다. 살기 위한, 살아남기 위한 당신의 노력 그 자체가 참으로 아름다운 것이라고. 그동안 얼마나 아팠는지, 괴로웠는지 다 안다고. 고생했다고.

상처가 있다는 건 같은 상처를 가진 사람의 고통을 이해하고 공감할 수 있는 능력을 가졌다는 뜻이다. 한 번도 아파 보지 않은 사람은 타인의 아픔을 이해하지 못한다. 어디가 어떻게 얼마나 아픈지 짐작하지 못한 채 그 정도 아픈 걸로 죽지 않는다고, 고생을 덜해봐서 그런 거라고, 엄살떨지 말라고, 이겨낼 수 있다고 공허한 말을 내뱉는다. 하지만 상처를 입어본 사람은 함부로 이야기하지 않는다. 이해하고 공감하고 같이 아파하며 서로서로 상처를 극복할 수 있도록 돕는다.

지금부터라도 나름대로 열심히 살고 있는 나 자신을 칭찬해주자. 타인의 아픔에 공감할 줄 아는 나의 따뜻한 마음을 칭찬해주자. 지금 이대로의 나 역시 썩 괜찮은 사람임을 인정하자.

4

아프면 아프다고 말하는 아이,
하기 싫으면 하기 싫다고
분명하게 말하는 아이는 아직 괜찮다.
그런 아이의 마음을 알아주고
말해주어 고맙다고 칭찬하면
상처를 치료하는 데 큰 도움이 된다.

## 칭찬받아 마땅한 아이

한 중학생이 학교에서 집단 괴롭힘을 당했다. 같은 반 아이들이 신발 밑을 핥게 하거나 신발을 물고 달리게 하면서 못살게 굴었다. 담임은 이런 상황을 알고 있었으나 크게 문제 삼지 않았다.

괴롭히는 아이들 중의 한 엄마가 눈치를 채고 괴롭힘당한 아이 엄마에게 사실을 알리면서 마침내 그 아이의 아픔이 주위에 조금씩 드러났다. 하지만 괴롭힘당한 아이는 엄마에게 자신의 상황을 제대로 이야기하지 않았다.

'별 탈 없이 학교에 잘 다니는 것'이 부모에 대한 아이의 마지막 자존심이었기 때문에 자신의 비참한 모습을 부모에게 말할 수 없었던 것이다. 만일 누군가에게 괴로움을 털어놓더라도 부모만은 절대 몰랐으면 하는 것이 그 또래의 심리다.

교사에게 고백하기도 쉽지 않다. 엄밀히 따지면 교사는 괴롭히는 쪽에 가깝다고 볼 수 있다. 학교는 평가와 순위 매김의 장이다. 그 안에서 괴롭히는 아이는 우위에 속하는 어떤 특징을 갖고, 괴롭힘당하는 아이는 열등하다는 꼬리표가 붙는다. 이런 가치 구조를 결정하고 유지하는 것이 교사라는 권력이다.

활달하고 긍정적인 아이, 눈치가 빠르고 주위 사람들과 잘 어울리는 아이, 똑똑해서 공부든 운동이든 다 잘하는 아이는 입을 모아 칭찬하고 그렇지 않은 아이에게는 '공부도 못하고 눈치도 없는 데다 둔하기까지 하다'며 발달장애 같은 꼬리표를 붙인다. 교사가 그렇게 나오면, 학교라는 작은 사회의 분위기가 그러하면 아이들도 그런 친구를 열심히 배제하려 한다. 마치 세균을 씻어내기라도 하듯이.

요즘 아이들의 일상은 매우 삭막하다. 학교 이외의 삶은 없을 뿐더러 낙오되면 좋은 고교, 좋은 대학, 좋은 직장, 좋은 수입, 성공적인 삶으로 이어지는 경쟁 사회에서도 뒤처져 열외 된다. 그리고 그것은 곧 죽음을 의미한다. 그래서 모든 사람이 어떻게든 낙오되지 않으려고 안간힘을 쓴다.

학교에 가지 않겠다고 등교를 거부하는 아이는 그나마 다행이다. 어디가 아프다고까지는 아니어도, 아프다는 사실을 드러낼 용기는 있기 때문이다. 하지만 많은 아이가 등교 거부조차 하지 못하고 지옥 같은 학교를 오간다. 부모에게 미안해서, 열등한 내가 미워서 혼자 고통을 끌어안고 견딘다.

이는 비단 학교에 다니는 학생뿐 아니라 사회생활을 하는 우리 모두에게 해당되는 이야기다. 칭찬받아 마땅한 사람을, 그 자체로 어여쁜 한 인간을 열등한 인간, 낙오자로 만들고 있진 않은지 돌아볼 필요가 있다. 더불어 아픈 걸 아프다고 말하는 사람의 입을 틀어막고, 참고 견디는 것이 미덕이라 강요하며 마음의 병을 키우고 있는 건 아닌지도 생각해볼 문제이다.

5

**때론 좋은 아내, 좋은 어머니가 되고**
**때론 화내는 아내, 게으른 어머니가 되어도 좋다.**
**자신의 상황에 맞게 적당히 해도 괜찮다.**
**그것만으로도 당신은 충분히 좋은 어머니다.**

# 적당히 해도 괜찮다

지혜로운 어머니, 좋은 아내가 되려고 노력하면 할수록 삶이 힘들어진다. 열심히 할수록 반대쪽에서 '나쁜 어머니'가 불쑥불쑥 비집고 나온다.

마음 깊숙한 곳에서는 '나만의 시간이 갖고 싶어', '아이 키우는 건 정말 힘들어', '내 아이지만 가끔은 너무 얄미워' 같은 생각이 솟아나는데 그런 생각이나 감정을 갖는 것 자체가 아이를 사랑하지 않는 뻔뻔하고 나쁜 엄마라고 판단해 스스로를 비난한다. 자연스러운 생각과 감정을 꾹꾹 누른 채 무조건 참기만 한다.

사실 이런 감정은 누구나 느끼는 것이다. 그런데 많은 어머니가 이 사실을 외면한 채 자신을 버리고 아이에게 목숨이라도 건 양 전부를 바친다.

꾹꾹 눌러왔던 감정은 어느 순간 터지기 마련이다. 금이야 옥

이야 애지중지해왔던 아이에게 화를 쏟아내거나 '내가 이만큼 희생했으니 너는 나한테 이렇게 해야 해'라며 아이에게 과도한 기대를 하거나 자신의 생각을 강요한다. 이것이야말로 아이를 망치는 지름길이다.

어머니가 진짜 자신의 욕망을 감춘 채 현명한 어머니, 착한 아내 로봇이 되고, 아버지가 돈 벌어오는 직장인 로봇이 되면 아이도 진짜 자신의 모습을 꽁꽁 숨긴 채 착한 아이 로봇이 된다. 아니면 로봇이 되기 싫다고 반항하며 문제 행동을 일삼거나 "내 인생을 돌려줘", "나를 이렇게 만든 건 당신들이야!" 하고 부모에게 원망의 화살을 돌릴지도 모른다.

'현모양처', '성스러운 어머니'는 우리 사회가 만들어낸 허상이며 이미지에 지나지 않는다. 우리는 성모가 될 수 없을뿐더러 성모를 목표로 할 필요도 없다. 이 세상에 완벽한 어머니는 존재하지 않는다. 우리 인간은 누구나 불완전하고 시시때때로 잘못을 범한다. 그럼에도 성모가 되려고 무리할 때, 우리 안에 존재하는 성모와 나쁜 어머니가 분열해 어느 순간 나쁜 어머니에게 점령당하고 만다.

어느 쪽으로도 치우치지 않고 적당함을 유지하는 것은 사실 엄청난 능력이다. 어쩌다 혹은 어느 순간 잠시 나쁜 어머니가 되었더라도 그런 자신을 비난할 필요 없다. 내 안에는 좋은 어머니도 나쁜 어머니도 있음을 인정하고 적당한 선을 유지할 수 있으면 되는 것이다. 이런 인간적인 어머니만큼 아이에게 안심되는 존재는 없다. 오히려 완벽한 어머니, 작은 실수조차 용납하지 않는 어머니가 아이에겐 더 숨 막히는 존재임을 명심해야 할 것이다.

6

**당신이 타인에게 보내는 메시지를**
**의식하고 있다면 요구이고,**
**절반 정도 의식하고 있다면 호소이다.**
**전혀 의식하지 못하는,**
**아니 의식하고 싶지 않은 메시지는**
**증상이라 불린다.**

## 아픈 마음이 보내는 메시지

사춘기에 접어든 청소년들이 흔히 저지르는 문제 행동, 즉 공부를 게을리하거나 비행을 저지르거나 약물을 남용하는 것 같은 행동은 일부는 요구이자 호소이고, 일부는 증상이다. 요구, 호소, 증상이 뒤섞여 하나의 문제 행동으로 드러나고, 분명 요구로 보였는데 실은 증상이었던 것이 이 영역 정신장애의 특징이다. 증상 혹은 문제 행동에는 모두 메시지 기능이 있다. 주체가 보통의 언어로는 자신의 생각을 전할 수 없다고 믿는 부분이나 주체의 무의식 혹은 전의식前意識(즉시 깨닫지는 못하지만 생각하려고 노력하면 떠올릴 수 있는 이미지, 생각 등을 가리킨다)에 각인된 메시지가 증상으로 표현된다. 증상이라 불리는 것은 대부분 주위 사람을 향한 커뮤니케이션이기도 하다.

누군가가 약물을 남용하는 수준에 다다르려면 약물을 손에 넣는 어려움, 약물 사용에 따른 신체 손상의 두려움, 학교나 사회에서 낙오되는 공포 등 다양한 억압 인자를 극복해야 한다. 몸이 망가져도, 사회에서 외면당해도 상관없다는 기분 없이는 불가능한 일이다. 그럼에도 약물을 남용하는 이유는 약물이라는 수단을 쓰지 않고는 주위와 소통할 수 없기 때문이다.

예컨대 사춘기 학생이 약물에 손을 대면 어떻게 소통이 시작될까. 먼저 약물을 하자고 꾀거나 꾐을 당하는 친구와 소통한다. 이런 소통은 학교에 잘 적응하고 있는 아이에게는 별것 아닌 사소한 일이지만 친구나 교사에게 버려져 낙오된 아이에게는 매우 소중한 기회다. 친구와 함께 약물에 취하는 것도 소통이기 때문이다. 정상적인 소통이라고 말하기는 어렵지만 약물에 취해 세력 확대를 공유하는 것 자체가 매력적이라는 사실은 밤마다 삼삼오오 술집에 모이는 샐러리맨을 봐도 알 수 있다.

이렇게 약물에 의존하며 비행을 일삼으면 그것이 부모나 교사 같은 주위 어른들에게 보내는 메시지가 된다. "보세요, 나는 지금 비행을 저지르고 있어요. 당신들은 이런 나를 어떻게 받아들일 건가요?"라고 질문을 던지는 것이다. 약물에 취해 의식을 잃거나 만신창이가 된 몸으로 무력한 자신을 표현함으로써 주위에 구조 신호를 보낸다.

이런 아이는 절대 스스로 "도와달라"고 말하지 않는다. 돈을 요구하거나 그냥 내버려 두라고 반항기 가득한 허세를 부릴 뿐이다. 애초에 도와달라고 말할 수 있는 아이였다면 여기까지 오지도 않았을 것이다. 정신 요법은 이렇듯 주체가 의식하지 못하는 '증상'의 메시지를 '요구'로 바꾸는 과정이라고 할 수 있다.

자신이 원하는 것이 무엇인지 정확히 알고 그것을 똑바로 '요구'할 수 있다면 그 사람의 마음은 치유 단계에 들어섰다고 본다.

약물이라는 다소 극단적인 예를 들어 설명했지만 보통 사람도 크고 작은 '증상'들을 가지고 있다. 내가 습관적으로 하고 있는 행동이, 무의식적으로 반복하는 말이 아픈 마음이 전하고자 하는 메시지는 아닐지 살펴보자. 그것을 포착하고 언어화한다면 내가 가진 문제의 핵심에 조금 더 가까이 다가갈 수 있을 것이다.

7

**"넌 안 돼. 넌 절대 못 해."**
**이런 근거 없는 자기규정은**
**머릿속 깊숙이 뿌리내려**
**나 자신을 매도하고**
**좁은 틀 안에 가둬버린다.**

## 나에게만 엄격한 사람들

누구나 자신을 바라보는 이미지를 갖고 있다. '나는 성격이 급해', '나는 게을러', '나는 냉정해' 등 스스로 자신을 정의하는 이런 시선을 '자기규정'이라고 한다. 긍정적인 자기규정을 가진 사람은 새로운 도전 혹은 인생의 난관을 만났을 때 두려워하거나 좌절하지 않고 씩씩하게 맞서나간다.

문제는 멋대로 만들어낸 근거 없는 자기규정을 가지고 있을 때다. 타인이 볼 땐 전혀 말도 안 되는 생각이지만 본인은 진지하게 자신을 왜곡된 시선으로 바라본다. '나는 유치하다', '게으르다', '응석받이다', '제멋대로에 거만하다'와 같은 신념에 얽매여 자신의 가능성을 스스로 차단한다. 이런 잘못된 자기규정은 언제 어떻게 내 안에 생겨나는 것일까?

"그것 봐. 넌 안 돼. 넌 절대 못 해."

누구나 한 번쯤 이런 말을 들어봤을 것이다. "안 돼!"라고 단정 짓는 마음속 목소리는 어머니 혹은 아버지의 음성과 닮았을지도 모른다. 어떤 경우든 나에 대한 부정적인 평가는 긍정적인 평가보다 강렬한 흔적을 남긴다. 더구나 그런 평가를 나와 가까운 사람에게 반복적으로 듣다 보면 한 사람의 의견이 곧 사실이 되어 머릿속에 깊숙이 뿌리내린다. 한번 자리 잡은 '난 안 된다'는 사고가 의식하지 못하는 새 자기대화를 반복하며 그 후의 행동이나 기분에 심각한 영향을 미친다. 절망감과 무력감을 일으켜 파괴적인 악순환을 초래한다.

이런 비생산적인 자기대화를 변화시켜 공회전 사이클에서 빠져나오려면 어떻게 해야 할까. 답은 간단하다. 당신이 친구에게 하듯 자신을 대하면 된다. 만일 친구가 침울해 있다면 "넌 안 돼!"라고 말하겠는가? 분명 "괜찮아. 넌 할 수 있어. 아직 적당한 기회를 못 만났을 뿐이야. 난 너의 능력을 믿어"라고 말하며 위로하고 용기를 북돋아주지 않을까. 나 자신을 이렇게 친절히 대하지 못할 이유가 어디 있는가. 나에게 조금 더 관대해져도 좋다. 자기규정을 조금만 바꿔도 내 안의 가능성이 활짝 열릴 것이다.

8

우리는 때론 잘못도 하고 실패도 한다.
그럴 때마다 잘못은 바로잡고
실패는 다음을 위한 발판으로 삼으면 된다.
인간의 능력에는 한계가 있으므로
한계 내에서 할 수 있는 일을
해나가면 되는 것이다.
완벽할 필요 없고, 완벽할 수도 없다.
이처럼 불완전함을 포함해
자신을 있는 그대로 긍정하는 것을
'자기긍정'이라고 한다.

## '내가 나라서 좋다'고 말할 수 있을 때까지

자기긍정이란 자신이 한 일은 뭐든 옳다고 판단하는 것이 아니다. 실력이나 능력이 뛰어나지 않음에도 자신을 대단하다고 과대평가하는 것도 아니다. 특별히 머리가 좋다거나 외모가 출중하지는 않더라도 불완전한 자신을 사랑하고 진심으로 '내가 나라서 좋아!'라고 생각하는 것을 자기긍정이라고 한다.

이 자기긍정감은 '자기효력감'이나 '만능감'과 혼동되기 쉬우나 이 세 가지는 전혀 다르다.

자기효력감이란 어떤 상황에서 필요한 행동을 잘 수행할 수 있다거나 무언가를 달성할 수 있다는, 행동 결과에 대한 기대를 가리킨다. 만능감이란 아무런 근거도 없이 '나는 뭐든 잘할 수 있다'라고 자신하는 감각을 뜻한다. 이 만능감은 아이의 발달단계에서 종종 볼 수 있다. 갓난아기는 실제로 아무것도 할 수 없지만

'울음'으로 자신을 돌봐주는 어른을 움직이고 그로 인해 자신이 세상을 움직이고 있다는 기분을 만끽한다.

그에 비해 자기긍정감은 무엇을 갖고 있다거나 무엇을 잘한다는 것처럼 타인과의 비교로 자신의 가치를 평가하는 것이 아니라 있는 그대로의 나를 인정하는 감각이다.

자기긍정감이 강한 사람은 자신의 과실이나 부족함을 솔직하게 인정하고 상황에 맞지 않으면 즉시 행동을 수정한다. 실수하거나 실패한다 해도 필요 이상으로 낙담하지 않고 다음을 위한 발판으로 삼는다. 설령 외면하고 싶은 결점이 있더라도 피하지 않고 마주한다.

자기긍정감의 바탕에는 나의 욕구와 아픔을 공감하고 받아들여 결핍을 채워주는 타인의 존재가 있다. 이런 사람들과 맺은 관계가 쌓이고 쌓여 타인의 아픔에 공감할 수 있는 인간다움을 기르게 되는 것이다.

잘못과 실수와 실패에 너무 연연해 자기긍정감을 좀먹고 해치는 사람이 많다. 누구나 하는 실수 때문에, 하늘이 무너지지도 않는 사소한 잘못 때문에 인생 전체를 망가뜨리는 우를 범할 수도 있다. 진짜 잘못은, 진짜 실패한 인생은 바로 이런 것이 아닐까.

# 2장 :

# '나는 사랑받을 만한 사람인가?' 의구심이 고개 들 때

9

성장 과정에서 부모에게
그릇된 신념을 물려받은 사람들이 있다.
'부모의 불행은 내 탓'이라는 신념.
'나는 태어나지 말았어야 할 사람'이라는 신념.
이런 잘못된 신념에 사로잡혀
하루하루 힘겹게 살아간다.

# 착한 아이가 아니면 버림받을까?

어깨에 힘을 빼고 내가 하고 싶은 대로 편안히 머물 수 있다. 상처받거나 지쳤을 때 위로받고 쉴 수 있다.

이것이 바로 제대로 기능하는 가정의 모습이다. 하지만 이 같은 기능이 결여되어 긴장감이 가득 흐르는 가정도 있다. '기능 부재 가정'이라 불리는 이런 가정에서 자란 아이는 '그릇된 신념'을 갖기 쉽다. 아버지가 매일 술독에 빠져 지내는 불안정한 가정에서 자란 아이는 '아빠가 저렇게 술을 마시는 건 내 탓이야', '내가 아빠가 기대하는 만큼 훌륭한 사람이 되지 못해서 아빠를 불행하게 만들었어'라는 죄책감을 갖는다.

아직 어린아이임에도 어떻게든 집안을 수습해 평온하고 무사한 날들을 보내기 위해 '부모님에게 사랑받으려면 두 사람한테 도움이 되어야 해'라고 생각한다. 하지만 현실은 부모에게 별 도움이 되지 않고, 바람과 동떨어진 자신을 저주하며 태어나지 말았어야 한다고 괴로워한다.

물론 알코올의존증에 빠진 아버지로 인해 어머니가 불행해하는 것 역시 자신 탓이라고 여기며 부모의 어린 카운슬러 역할에서 벗어나지 못하는 경우도 생긴다. 부모를 대신해 동생을 돌보고, 늘 취해 있는 아버지를 성심껏 챙기며, 식사를 준비하기 위해 발을 동동 구르는 '착한 아이'들이다. 착한 아이가 아니면 버림받는다는 신념이 아이들을 이런 상황으로 내몬 것이다.

이런 잘못된 신념을 갖고 자라면 어른이 되어서도 자신의 감정을 솔직하게 표현할 수 없게 된다. 표현을 봉인해버린 감정은 점점 무감각해져 살아가는 기쁨도 느낄 수 없다. 감정을 느낄 수 없는 로봇 같은 인간이 되었지만 부모와 동생을 보살피느라 정신이 없어 전혀 의식하지 못한다.

이것이 기능 부재 가정에서 자란 아이가 갖는 일종의 적응 방식이자 생활 기술이다. 하지만 이런 기술을 익힌 아이들이 사춘기에 접어들고 집을 벗어나면 그 즉시 인간관계에 문제가 생긴다.

무엇을 위해 살아가는지 알 수 없어 하루하루가 허무하고 지루한 데다 한순간도 긴장을 풀지 못해 쉽게 피로해진다. 허무함과 피로를 잊기 위해 술을 찾거나 게임, SNS 중독에 빠져든다.

그렇지 않으면 '나 없이는 살아갈 수 없는 무력한 인물'과 만나 공의존 관계를 맺는다. '태어나지 말았어야 할 나'를 꼭 필요로 하는 누군가를 만나니 처음으로 행복을 느낀다. 하지만 이는 찰나의 즐거움을 얻기 위해 길고 긴 고통 속으로 걸어 들어가는 것과 같다. 어린 시절 가족 안에서 겪었던 관계와 상황을 그대로 반복하며 또 다른 기능 부재 가정을 만들 뿐이다.

착한 당신에겐 아무런 잘못이 없다. 다만 선택할 수 없는 부모 밑에서 자랐고, 그 안에서 최선을 다해 열심히 살아왔을 뿐이다. 어린 당신 때문에 잘못된 사람은 아무도 없다. 어른들의 비뚤어진 선택이었을 뿐이다. 아직 마음속에 제대로 자라지 못한, 상처받은 어린아이가 자리 잡고 있다면 이 말을 계속해서 들려주자. 애쓰며 살아온 자신을 꼭 안아주자.

## 10

**남편은 아내가 어머니인 양**
**응석을 부린다.**
**세상 사람들도 아내에게**
**남편의 어머니 역할을 강요한다.**
**이를 받아들이고 살아가면서**
**아내는 자신의 인생을 잃어버린다.**

## 돌봄과 사랑을 혼동하지 말지어다

우리는 파트너나 결혼 상대를 어떻게 고를까. 이 선택에는 우리가 의식하지 못하는 메커니즘이 작용하고 있다. 달리 말하면 우리는 우리가 믿는 만큼 자유롭게 자신의 의지에 따라 결혼 상대를 고르는 게 아니라는 뜻이다.

모임에 나갔다가 멀찍이 떨어져 앉은 그 사람을 보고 첫눈에 반해 사랑에 빠지는 경우가 종종 일어난다. 이 두 사람은 행복하지만 동시에 위험한 관계를 맺을 가능성이 높다.

돌봐줄 사람을 필요로 하는 남자와 저 사람에게는 자신이 필요하다고 느끼는 여자가 만나면 이 둘은 순간적으로 상대의 욕구를 꿰뚫고 동시에 서로를 원하게 된다. 돌봄과 사랑을 혼동해 여자는 남자의 어머니 역할을 떠안고 그 역할의 무게에 눌려 정작 자신의 인생은 잃어버리고 만다. 남자는 인간 대 인간으로 이성을 사랑하는 진짜 성숙의 과정을 거치지 못한 채 아이로 되돌아가는 길을 걷는다.

두 사람이 가진 결함이 이런 만남을 낳았지만 당사자들은 그 사실을 전혀 인지하지 못한다. 자유의지로 상대를 선택했다고 믿어 의심치 않는다.

예전에 나는 알코올의존증 환자가 어떻게 현재의 아내와 결혼했는지를 조사한 적이 있다. 친구나 가족에게 소개받은 경우도, 첫눈에 반한 만남도 있었다. 그런데 놀랍게도 알코올의존증 환자의 아내는 네 명 중 한 명꼴로 알코올의존증에 걸린 아버지를 두고 있었다. 아버지의 술버릇 때문에 술이라면 지긋지긋할 텐데도 상당히 높은 비율로 알코올의존증 남편을 선택한 것이었다.

물론 그 여성들이 처음부터 주정뱅이 남자를 선택했을 리는 없다. 왠지 미숙하고, 자기가 돌봐주지 않으면 살아갈 수 없을 것 같은 남자를 골라 결혼하여 20년 정도 함께 살았더니 그 남자가 알코올의존증 환자가 되었다고 한다. 아니면 남자친구와 헤어져 한창 외로울 때 자신을 사랑해주는 남자가 다가와 함께 살았더니 술 문제가 불거졌다고 한다. 이 여성들의 어머니도 같은 방식으로 배우자를 선택했고, 그녀들의 아버지는 그렇게 알코올의존증 환자가 되었다.

술을 예로 들었지만 이것은 비단 알코올의존증이라는 문제에

만 해당하지 않는다. 딸은 대부분 어머니처럼 배우자를 고르고, 어머니처럼 자신에게 응석 부리는 남자를 만나 어머니처럼 행복해하거나 불행을 한탄한다.

아주 어릴 때부터 봐온 관계 유형이 몸과 마음을 점령해 다른 관계를 맺지 못하게 가로막고 있다. 부모를 불행하게 만들었다는 죄책감이, 돌봐주지 않으면 잘못이라는 죄책감이 끊임없이 기울어진 관계로 자신을 몰아넣는 것이다.

사랑은 혼자서도 잘 지낼 수 있을 때 해야 하는 것이다. 돌봄을 받고 싶다면, 돌봄을 주고 싶다면 요양원 같은 곳에서 만나는 편이 좋을 것이다. 그렇다면 적어도 서로가 서로의 행복을 빼앗고 인생을 망치는 길은 피할 수 있을 테니 말이다.

## 11

자기 속옷 하나 챙기지 못하는 남자,
라면 하나 끓일 줄 모르는 남자만큼
다루기 쉬운 사람은 없다.
이렇게 아내는
'자신을 필요로 하는 존재를 원하는 병'을
키워간다.

## '나를 필요로 하는 존재를 원하는' 병

나는 오랫동안 알코올의존증 치료에 몸담아왔다. 그 과정에서 눈에 들어온 것이 가정이었다. 알코올의존증 환자는 부모와 어떤 유대를 맺으며 어떤 가정에서 자라 어떻게 배우자를 선택하고 어떻게 살며 자식을 키울까. 알코올의존증 부모를 둔 아이는 어떻게 자라 사춘기를 맞이하고 어떤 배우자를 만나 다음 세대의 가정을 어떤 모습으로 꾸릴까.

무엇보다 술을 놓지 못하는 남편을 둔 아내가 어떤 역할을 감내하며 어떤 마음으로 어떻게 살아가는지가 가장 궁금하고 걱정되었다. 알코올의존증을 치료하는 과정을 살펴보면 대부분 아내가 먼저 남편이 술을 끊게 해달라며 나를 찾아오기 때문이다. 나를 찾아온 아내들은 대부분 사회적으로는 무력함에도 자존심만은 하늘을 찌르는 자기중심적인 남자들에게 2, 30년 동안 사로잡혀 때론 폭력을 감내하며 가사와 육아를 성실히 수행해온 사람들이었다. 일반적으로 남자가 담당하는 경제활동을 떠맡은 사람도 있었다.

그녀들은 어떻게든 술을 끊게 하려고 필사적이었다. 남편의 용돈을 관리하고 집 안에서 술병이란 술병은 모조리 치웠고, 혹시라도 눈에 띄면 병째로 갖다 버렸다. 남편이 며칠만 술을 안 마셔도 세상을 다 얻은 양 기뻐했고, 다시 술에 손을 대면 하늘이 무너진 듯 슬퍼했다.

숱하게 이혼을 권했지만 "하루에도 몇 번씩 헤어지고 싶은 마음이야 굴뚝같지만 아이 때문에"라는 말만 돌아올 뿐이었다. 더구나 그녀들은 나름대로 충실하게 살고 있었기 때문에 그 삶에 정작 자신은 없다는 사실을 깨닫는 데 꽤 오랜 시간이 걸렸다.

무력한 남편을, 폭력적인 남편을 무던히도 견뎌내다가 칼부림 같은 극단적인 사건이 일어난 뒤에야 간신히 죽을힘을 다해 도망친다. 그런 그녀들을 보호하는 일을 수없이 해왔고, 그때마다 "아이가 걱정"이라며 학대하는 남편 곁으로 되돌아가는 아내들을 지켜보면서 마침내 나는 그녀들 역시 병을 앓고 있다는 사실을 직감했다. 그녀들은 '자신을 필요로 하는 존재'를 원하며 살고 있었던 것이다.

이 병에 걸린 여성들은 아이와 남편에게 신경 쓰고 시중을 들며 그들을 조종하고 가족 내에서 자신의 지배권을 확립한다. 그렇게 하여 남편은 자기 속옷 하나 챙기지 못하는 남자가 된다. 라면 하나 제 손으로 끓일 줄 모르고 양말 한 짝 제 손으로 빨 줄 모르는 남자만큼 다루기 쉬운 사람은 없다. 아내는 이렇게 '자신을 필요로 하는 존재'를 원하는 병을 키워간다. 아이든 남편이든 주변 사람들을 무기력하게 만들며 자신의 존재감을 키워가는 건 모두가 함께 시들어가기 딱 좋은 방법이다. 이것은 사랑이 아니라 병임을 깨달아야 한다.

## 12

**상대가 바뀔 거라는 기대는**
**버리는 편이 낫다.**
**사람은 바뀔 필요가 있을 때만 바뀐다.**
**지금 변화가 필요하다면**
**당신 자신이 먼저 변화하라.**
**만일 상대에게 당신이 정말 필요한 존재라면**
**당신의 변화가 상대의 변화를 이끌 것이다.**

## 사람은 고쳐 쓰는 게 아니다

결혼한 부부든, 오래된 연인이든, 친한 친구든 갈등이 일어나는 원인은 사실 사소한 일에 있다. 양말을 돌돌 말아 벗어서, 컵을 아무 곳에나 두어서, 약속 시간에 늘 늦어서 말다툼을 벌이고 이런 사소한 일이 쌓이고 쌓여 헤어짐에 이른다.

많은 사람이 상대를 변화시키려 애쓴다. 이렇게 저렇게 하라고 잔소리를 하고, 달라지지 않으면 헤어지겠다고 협박하고, 너 때문에 내 인생이 망가졌다며 죄책감을 자극해 변화를 유도한다. 하지만 정신과 의사로서 단언하건대 인간은 절대 변하지 않는다.

똑똑한 여성이 다소 부족한 남자를 만나 그 남자를 성공시켰다는 이야기가 하나의 전설처럼 내려오지만 우리는 변화하고자 하는 남자의 욕망은 무시한 채 변화했다는 결과만을 바라본다. 여성이 남자의 외적인 능력치는 올려주었을지 모르나 그의 본성을 바뀐 건 아니라는 말이다.

사람은 스스로 바뀔 필요를 느낄 때만 변화한다. 그럴 마음이 없는 사람을 타인이 억지로 바꿀 수는 없다. 술을 마시는 사람은 취한 상태에서 돌이킬 수 없는 큰 실수를 저지르거나 건강에 이상이 생겨 스스로 깨닫지 않는 이상 옆에서 아무리 말려도 술을 끊지 않는다. 자신은 언제든 마음만 먹으면 끊을 수 있다고 자만하며 늘 술을 끊겠다는 마음은 먹지 않는다.

이럴 땐 먼저 자신을 바꿔보는 것이 하나의 방법일 수 있다. 잔소리를 뚝 끊고, 더는 그 사람의 인생에 참견하지 않으며 모든 일에서 나를 우선시하는 것이다. '나는 이렇게 온전히 독립적인 한 인간으로 살아갈 거야. 앞으로 나와 계속 함께하고 싶다면 당신도 자신을 스스로 돌볼 수 있는 독립적인 인간이 되도록 해. 그렇게 할 수 없다면 그 이후에 일어날 일은 각자 알아서 책임져야겠지'라는 의사를 전달한다. 사람은 보통 '필요로 하는 사람'의 기대에 부응하려 노력한다. 상대에게 당신이 정말 필요한 사람이라면 당신이 바뀜으로써 상대도 거기에 맞춰 변하려 할 것이다.

그럼에도 소용이 없다면? 그럴 땐 그 사람이 변할 것이란 기대를 일찌감치 버리고 냉정하게 돌아서야 한다.

## 13

**사람들은 똑같은 인간관계를 반복한다.**
**아무리 가혹한 관계일지라도**
**반복하고 또 반복한다.**
**이해할 수 없지만**
**거기에는 나름의 이유가 있다.**

## 똑같은 관계를 반복하는 이유

사람마다 반복하는 인간관계가 있다. 이는 어릴 때 함께 살았던 가정 내에서 익힌 것이다. 아이는 자신을 지켜주는 가족(부모)을 필요로 한다. 따라서 가족 내에서 아무리 힘들고 아프고 비참한 일을 겪더라도 버려지는 것보다는 낫기 때문에 감수하고 받아들일 수밖에 없다.

이렇게 오랫동안 살다 보면 가혹한 인간관계가 일상이 되어 아이의 몸과 마음을 지배한다. 이런 인간관계가 당연해지고 관계의 기준점이 여기에 맞춰진다. 부모에게 맞는 데 익숙해진 아이는 자신은 소중한 존재가 아니라고 생각하며 따라서 자기도 모르는 새 스스로를 비하하고 무시한다.

어른이 되어 누굴 만날지 자유롭게 선택할 수 있는 환경에 놓여도 아버지처럼, 어머니처럼 자신에게 가혹한 행동을 일삼는 사람과 관계를 이어가는 경우가 많다.

타인이 보기엔 이해할 수 없지만 아무리 생각해도 안전하다고 할 수 없는, 아니 위험하기까지 한 장소가 어떤 일이 일어나고 어떻게 행동하면 될지 예측할 수 있는, 유일하게 안전한 장소가 되어버린 것이다.

한편 이런 가혹한 가정에서 자란 사람은 자신이 사랑하는 가족이 '나를 보호해주고 위로해주는 자상한 가족(부모)이라면 얼마나 좋을까?'라는 염원을 갖는다. 가혹한 가정에서 어떻게든 살아남은 사람은 마음 한편에 이런 환상 같은 동경을 품는 경우가 적지 않다.

이것이 '자신의 부모 같은' 혹은 '자신과 비슷한 환경에서 자라온' 사람과 관계를 반복하는 것으로 치닫게 한다. 자신에게 상처 주는 사람, 자신을 무시하는 사람, 멸시하고 이용하는 사람, 뻔뻔하고 염치없는 사람을 교육하고 돌보고 사랑함으로써 자신이 늘 바라왔던 사람으로 새롭게 태어나기를, 그래서 꿈꿔온 안정된 가정을 만들 수 있기를 무의식중에 염원하기 때문이다. 몇 번이고 헛된 꿈을 꾸다가 실패해도 또 비슷한 사람을 선택하는 도전을 멈출 수 없다.

이런 사람을 옆에서 지켜보면 어리석고 우스꽝스럽기 짝이 없지만 본인에게는 인생을 건 진지한 전투다. 인생에서 가장 손에 넣고 싶었으나 넣지 못했던, 평생 바라왔던 꿈을 이룰 수도 있는 진검승부인 것이다. 만일 이 전투에서 승리를 거둔다면 그 사람은 가혹했던 지난날을 전부 긍정하고 받아들일 수 있다. 이것이 바로 이들이 승부의 링에서 쉽게 내려오지 못하는 진짜 이유이다.

더 안전하고 따뜻한 관계를 맺을 수 있다는 사실, 누군가를 돌보고 변화시킬 의무가 본인에게 없다는 사실, 맹목적으로 좇아왔던 이 꿈이 환상이었다는 사실을 당사자가 깨닫지 않는 한 반복되는 관계의 패턴에서 빠져나오기가 몹시 어렵다.

## 14

**자녀가 부모에게서 자연스럽게, 건강하게 독립하기는 쉽지 않다.
부모의 기대에 보답해야 한다는 생각에, 보살핌 받은 만큼 부모를 보살펴야 한다는 생각에 독립을 죄책감과 연결하는 경우가 많다.
자녀가 자신만의 삶을 찾아갈 수 있도록 놓아주는 것이 부모의 의무다.**

## 나만의 세계를 만들어낼 에너지

같은 성性을 타고난 어머니와 딸은 서로를 깊이 이해하는 만큼 밀착된 관계를 맺기 쉽다. 딸이 자라 독립할 시기가 되면 이 관계에서 벗어나 자신의 세계를 만들어가야 하는데 관계가 끈끈하면 할수록 떼어내는 데 힘이 들기 마련이다. 이 과정에서 종종 딸이 사랑한 어머니, 자신의 모든 걸 바쳐 딸을 사랑해준 '진짜 어머니'는 '잔혹한 계모'가 되기도 한다.

그동안 딸이 사랑했던 진짜 어머니는 죽고, 그 자리를 잔혹한 계모가 차지한다. 계모는 딸을 억압하고 구속하며 자신의 가치관을 강요하고 딸을 질투해 해하려 한다. 계모의 박해에서 가까스로 벗어난 딸은 이 계모를 철저히 증오하고, 때론 복수하고 살해한다. 이 '정서적 어머니의 살인'이 이뤄지는 과정에서 딸은 자신이 가진 여성의 성을 발달시켜나간다.

왜냐하면 머지않아 딸은 자기가 진심으로 사랑하고 자기를 진심으로 사랑해주는 백마 탄 왕자를 꿈꾸며 집을 떠나야 하기 때문이다. 사실 이 백마 탄 왕자는 죽어버린 진짜 어머니, 딸을 사랑하고 딸 역시 사랑했던 바로 그 어머니다. 진짜 어머니에서 백마 탄 왕자에 이르는 환상의 발전 속에서 여성의 성이 발달한다.

하지만 만일 집 안에 왕자가 있다면 여성의 성이 발달하는 데 방해를 받는다. 사랑하고 사랑받는 진짜 어머니가 그대로 있어도 안 되며, 그렇다고 아버지가 왕자를 대신해서도 곤란하다.

나약하고 불쌍해서 돌보지 않고 내버려 두면 큰일 날 아버지가 있다면 '왕자를 대신하는 아버지'가 성립해버린다. 병원에 드나드는 아버지, 사회적으로 무능력한 몽상가 아버지, 어머니에게 구박받고 괴롭힘당하는 아버지가 딸의 관심을 끌 때 딸은 밖에 있는 왕자를 잃고 만다. 딸은 아버지에게 애착을 갖고 이것이 딸의 이성 관계를 왜곡한다.

장성한 딸이 이유 없이 아버지를 싫어해서 아버지들이 충격받는다는 이야기를 종종 듣는다. 정신분석에서 이야기하는 성의 발달이라는 측면에서 볼 때 이것은 매우 건강한 현상이다.

아버지는 딸에게 외면당하고, 어머니는 정서적으로 죽임을 당할 필요가 있다. 이것이 딸이 집 밖으로 나가 자신만의 세계를 만들고 소중한 사람을 찾기 위한 에너지가 된다.

딸이 가족에게서 독립하려 한다면 죄책감을 심어주며 묶어두려 하지 말고 잘 떠나갈 수 있게 손을 놓아주자. 씁쓸하고 외롭겠지만 딸의 삶을 진심으로 응원한다면 한 번은 거쳐야 할 과정이다.

## 15

## 허세나 허영이 아닌,
## 좋은 의미에서 자기애가 강한 사람일수록
## 타인을 사랑하는 능력이 뛰어나다.

# 건강한 자기애를 기르는 법

풍요로운 인간관계를 맺으려면 건강한 자기애가 필요하다. 자신을 사랑하고 보살피려는 마음이 있으니 관계를 유지하기 위해 꾸준히 노력할 수도 있다. 자신을 사랑한다면 타인에게도 따뜻하게 대할 수 있다. '자기애'라고 하지만 자신을 사랑하는 건 타인을 사랑하는 것과 같다.

주위를 둘러보자. 건강한 자기애를 가진 사람, 그래서 자신감이 넘치는 사람은 타인에게 친절하고 너그럽다. 그런 사람은 자신에게 긍정적인 만큼 타인에게도 긍정적인 감정을 갖는다. 자신의 욕망에도 솔직하고 충실하다.

자기애와 자부심이 얼마나 건강하게 성장할 수 있느냐는 부모가 부여해준 환경으로 결정된다. 특히 갓난아기 때 어머니와의 관계는 농밀하다. 어머니는 자신의 아이를 누구보다 귀여워하고 아이에게 많은 기대를 한다. 아이가 울면 왜 우는지 재빨리 파악해 따뜻하게 말을 건넨다. 아이는 일방적으로 어머니에게 보살핌을 받으며 살아가고, 그렇게 조건 없이 '사랑받아 마땅한 나', '소중하게 보살핌 받는 나'라는 이미지를 만들어간다.

부모가 "넌 사랑받아 마땅해. 정말 소중한 아이니까. 그렇지 않다고 말하는 사람이 있다면 그 사람이 잘못된 거야"라고 말해주고, 아이에게 '난 행복하고 운이 좋아'라는 믿음을 주면 '나는 모두가 원해서 이 세상에 태어났어. 이대로의 내 모습으로도 충분히 사랑받을 거야'라는 자기애를 갖고 남은 인생을 살아갈 수 있다.

부모의 사랑을 듬뿍 받고 자란 아이는 구김살 없는 사람이 된다. 구김살 없는 사람은 겁먹으며 자란 사람보다 주위 사람들에게 훨씬 더 많이 사랑받고 이런 사랑을 바탕으로 더 많은 사람에게 점점 더 많이 사랑받을 수 있다는 자신감을 갖는다. 이처럼 좋은 환경의 토대를 만들어주는 것이 부모의 중요한 임무다. 부모의 임무는 이것이 전부라고 해도 과언이 아니다.

이런 중요한 임무를 수행할 수 있는 부모가 되려면 먼저 부모 자신이 견고해질 필요가 있다. 듬직하고 튼튼해 웬만해선 무너지지 않아야 한다. 그리고 아이에게 아낌없이 따뜻한 사랑을 전해야 한다. 그것이 아이를 좋은 의미에서 '자기애'가 강한, 타인을 사랑하는 능력이 뛰어난 사람으로 키우는 좋은 부모의 조건이다.

## 16

**'나는 지금 이대로의 나로 충분해!'라고**
**생각할 수 있는가?**
**이런 사람은 타인에게 위로받기 위해 노력하지도,**
**애정을 갈구하지도 않는다.**
**그리고 결국 이런 사람이 사랑받는다.**

## 존재 자체로 충분하다

아무도 나를 사랑해주지 않는다고 슬퍼하기 전에 먼저 누구보다 자기 자신을 사랑하자. 사람은 자신을 사랑하는 만큼 타인에게 사랑받는다. 자신을 사랑하고 아끼는 사람은 타인의 아픔에 민감하게 반응하고 타인을 사랑하는 능력도 매우 뛰어나다.

타인을 사랑하는 능력이란 자신을 희생하거나 타인을 보살피는 데 열중하는 능력과는 다르다. 상대를 독점하거나 속박하는 것도 아니다. 필요하면 타인을 보살필 수 있지만, 그 필요한 때를 분별할 줄 안다. 좋은 인간관계를 유지함으로써 자기긍정감이 높아지고, 자기긍정감이 높아져 타인에게 다시 사랑받는 선순환 속으로 들어간다.

자신을 사랑하지 않고 결국 타인에게도 사랑받지 못하는 악순환에 빠졌다면, 이 악순환 속에서 빠져나오고 싶다면 타인에게 사랑받는 법보다 먼저 자신을 사랑하는 법을 배우자. 처음 악순환에 빠져든 계기는 대개 부모가 제공한다. 하지만 언제까지나 부모 탓만 하며 주저앉아 있을 수는 없지 않은가. 계기가 어떻든 자기 자신은 스스로 바꿀 수 있다.

자신을 사랑한다는 것은 진짜 자신과 동떨어진 이상적인 '나'를 만들어내어 그 환영을 사랑하는 것이 아니다. 과거에 멋졌던 혹은 미래에 멋질 '나'를 사랑하는 것도 아니다. 지금 있는 그대로의 내 모습을 받아들이는 것이다.

병에 걸려 학교에 가지 못하고 무기력하게 누워 있는 사람이 '나는 뭐든 잘하니까 괜찮아, 잘났으니까 멋져!'라고 생각하며 자신을 사랑한다면 이상하지 않겠는가. 회사에서 큰 실수를 저질러 놓고 '이건 저 사람 탓이야. 절대 내 잘못이 아니야. 난 괜찮아'라고 생각하는 것도 잘못된 사고방식이다.

'나는 지금 병에 걸렸지만 병에 걸릴 만한 이유가 있었어. 누구에게나 찾아올 수 있는 병이고 나에겐 이 병을 극복할 힘이 있어. 이런 내가 사랑스러워.' '실수했지만 책임지고 만회하자. 이렇게 생각하는 내가 멋져.'

이렇게 생각하는 것이 건강한 자기긍정이며 진정으로 자신을 사랑하는 사람이다. 나는 수많은 사람 중의 한 명일 뿐이고 뭐든 잘할 수는 없지만 그것으로 충분하다고 생각하는 것이 중요하다.

## 17

**비교당하지 않고 자란 사람은**
**자기평가가 높다.**
**자긍심이 넘치는 사람을 달리 말하면**
**비교하지 않는 사람이다.**

## 비교하려면 자기 자신과

공부 잘하는 옆집 아이, 돈 많은 부모를 둔 친구, 멋진 외모와 몸매를 가진 동료, 불행이라곤 하나도 없는 것 같은 SNS 속 타인들까지……. 눈만 돌리면 비교할 거리가 넘쳐나는 오늘날, 남과 비교하지 않으며 살기가 더욱 어려워지고, 불안하고 아픈 사람은 점점 늘어만 가고 있다.

비교하지 않으면 '나는 나, 저 사람은 저 사람'이라고 생각할 수 있다. 누가 무얼 하든 신경 쓰지 않고 내가 하는 일을 즐기며 집중할 수 있기 때문이다. 반대로 자신의 일을 좋아하고 열심히 하더라도 항상 남과 비교하면 뒤처질까 불안해져 삶이 고달파진다.

정신과 의사로서 나는 증상이 심했던 환자가 점점 나아가면서 타인과 비교하지 않게 되는 모습을 봐왔다. 비교를 하려면 자기 자신과 하는 것이 좋다. '목표를 10으로 잡았을 때 지금 어느 정도인가?'를 비교하는 것이다. 이것은 자극이자 격려가 된다. 나는 증상이 심한 환자에게 거꾸로 이렇게 묻기도 한다.

"가장 나쁠 때를 10으로 했을 때 지금은 몇 정도라고 생각하세요?"

이 질문에 "10"이라고 답하는 사람은 없다. 대부분 "4"라고 답한다. 그러면 나는 "그럼 괜찮지 않나요? 그런데 왜 그렇게 울상을 짓고 있죠?"라고 말한다.

요즘 같은 수치 사회, 경쟁 사회, 브랜드 사회, 비교 사회 속에서 타인의 평가를 완전히 무시하고 살기란 매우 어렵다. 눈치 보지 않고 제 갈 길 갈 수 있는 사람이라면 정말 강단 있는 인물이다. 그런 사람들은 수입이 아무리 적어도 수입으로 나의 진짜 가치를 평가할 수 없다며 담담하게 살아간다. 원해서 아이를 낳았다면 아이 없이 자유롭게 사는 사람을 보고도 부러워하지 않는다. '아이를 낳지 않았다면 이처럼 소중하고 즐거운 순간이 있다는 사실을 몰랐을 것이다' 생각하며 유유자적 살아간다.

모두가 이런 마음가짐을 가지고 살아간다면 세상은 행복한 사람으로 가득할 것이다. 어느 한 분야에 엄청난 사람이 몰려 경쟁하는 일도 줄어들 것이다. 각자 좋아하는 일을 하면 저절로 필요한 것이 갖춰져 서로 조화를 이루는 사회가 이상적인 사회의 모습이 아닐까.

이런 이상적인 사회에 한 발 다가가려면 어릴 적부터 아이를 평등하게 대하는 것이 중요하다. 형제자매 간에 차별하지 않고, 비교하지 않고 아이 그 자체를 사랑해줄 수 있다면, 주변 사람들과 비교하며 아이를 사회에 내놓을 상품 가치로만 판단하지 않는다면, 어머니와 아버지가 고르게 사랑을 준다면 아이는 사람을 평등하게 사랑하고 타인과의 비교를 두려워하지 않는, 자기평가가 높은 어른이 될 것이다.

## 18

**누군가를 사랑하는 것과**
**미워하는 것은 같다.**
**머리 한편에 항상 그 사람이**
**자리 잡고 떠나지 않는다.**
**감정의 방향이 긍정적인 쪽이냐**
**부정적인 쪽이냐가 다를 뿐이다.**

## 사랑하니까 미워한다

'왜 그 사람은 내 요구에 응해주지 않을까?', '왜 내 기분을 이해해주지 않을까?' 생각하며 화를 내고 미워하는 이유는 당신이 그 사람을 필요로 하기 때문이다. 그 사람은 그렇게 항상 머릿속에서 떠나지 않는다. 누군가를 저절로 떠올린다는 건 그 사람을 사랑하고 있다는 증거다. 전혀 관심이 없다면 아예 생각조차 하지 않는다.

나를 찾아온 환자 중에는 어릴 때부터 부모의 사랑을 간절히 바랐으나 손에 넣지 못했거나 부모에게 계속 거부당해 분노를 품은 사람이 많다. 부모에게 분노의 감정을 품은 채 나이 든 부모의 병구완을 맡게 되면 내면에서 처절한 전투가 벌어진다. 기력이 쇠하여 아이같이 변한 부모는 예전 일은 기억도 못 한다는 듯 당신에게 아무렇지 않게 어리광을 부린다. "이렇게 해줘, 저렇게 해줘", "이것도 못 해, 저것도 못 해" 하며 그 옛날 당신이 부모에게 요구했던 애정과 보호를 이번에는 부모 쪽에서 당신에게 요구한다. 그런 부모를 보며 당신은 '당신들은 나에게 그런 사랑을 주지 않았잖아. 그런데 나는 왜 줘야 하지?'라는 생각이 들어 분노가 끓어오른다. 그래서 무척 상냥하게 부모를 대하다가도 어느 순간 어린 시절의 앙갚음을 하듯 싸늘해져 험한 말을 퍼붓고는 자기혐오에 빠져든다. 꼴도 보기 싫은데 안 보이면 불안하고, 그러다가 또 얼굴을 보면 화가 치미는 연쇄 고리 속으로 들어간다.

이 같은 고통을 가진 사람들이 나를 찾아와 "저는 부모님을 사랑하는 걸까요, 미워하는 걸까요?"라고 울부짖으며 괴로워한다. 남들은 "그렇게 미우면 거리를 두라"고 쉽게 말하지만 그렇게 단순히 해결할 수 있는 문제가 아니다. 왜냐하면 당신은 그 사람을 사랑하기 때문이다. 당신이 미워하는 사람이 좋아하는 사람이고, 좋아하는 사람이 미워하는 사람이다. 가깝고 친밀했던 관계가 만나면 항상 으르렁거리는 사이로 변하고, 다툼이 일어난 뒤에는 자기혐오에 빠져 자신을 비난하지 않고는 버틸 수 없으니 괴로운 것이다. 이 괴로움에서 벗어나는 길은 우선 '내가 미워하는 저 사람이 나에게 소중한 사람'임을 인정하는 것이다.

사랑하기 때문에 더욱 상처받았고, 온전히 미워할 수도 없음을 인정하면 상대방과 나를 향한 분노가 조금은 옅어질 것이다. 그리고 이것이 바로 상대방도, 나도 용서하는 첫걸음이다.

## 19

**의미 있는 인생이란 실체가 없다.**
**그저 숨을 들이쉬고 내쉬는 것이 인생이다.**
**이런 인생을 재미있다고 생각하는 것을**
**'회복'이라고 말한다.**

## 우리는 모두 평범한 인간이다

평범하게 살아가는 주위 사람들을 무시하거나 필요 이상으로 훌륭한 사람이 되어야 한다고 생각하는 사람들이 있다. "번듯한 사람이 되어 의미 있는 인생을 살고 싶다"는 바람에 얽매인 사람은 이상적인 자신과 현실의 자신 사이의 괴리를 받아들이지 못해 괴로워한다.

삶의 기준을 너무 높이 잡으면 거기에 맞춰 살기 위해 늘 허덕일 수밖에 없다. 끊임없이 나를 채찍질하고 다그쳐도 목표한 지점에는 다다를 수 없다. 그러면 나는 나에게 '모자란 사람, 부족한 사람, 게으른 사람, 노력하지 않는 사람, 열정 없는 사람'이라는 꼬리표를 붙이고 멀쩡한 나를 못난 나로 만들어버린다. 계속 나의 가능성을 좁히는 악순환에 빠지고 마는 것이다.

나는 사람들이 이런 생각에서 벗어나 좀 더 가벼워지면 좋겠다. 우리가 생각하는 번듯한 인생, 의미 있는 인생 따윈 어디에도 없다. 애초에 나도, 당신도 어디에나 있는, 어디에 있든 상관없는 평범한 인간이다. '나는 특별해. 나는 개성이 넘쳐'라고 발버둥 쳐봤자 그 점에는 변함이 없다. 모두 거기서 거기다.

인간으로 태어났기에 장애를 갖지 않은 이상 모두 두 발로 걷고 코와 입으로 숨을 쉰다. 얼굴에는 눈이 두 개, 코가 하나씩 붙어 있다. 잘생기고 예쁘면 좋겠지만 시대에 따라 취향은 바뀌게 마련이다. 자세히 보면 사실 얼굴도 크게 다르지 않다. 머리 모양과 색을 이리저리 바꿔가며 개성을 살리는 사람도 있으나 기껏해야 짧거나 길거나 우리가 익히 알고 있는 색일 뿐이다.

누군가에게는 평범하게 사는 것이 가장 어려운 일이 되기도 한다. 남들처럼 걷고, 차를 타고, 취직하고, 결혼하고, 아이를 낳고, 집을 마련하는 것이 손에 넣을 수 없는 아득한 꿈처럼 여겨진다.

하루하루 하나씩이라도 재미있는 일을 찾고, 평범한 누군가를 사랑하고 평범한 나를 사랑해주는 누군가를 만나 살아가는 인생을 인정하고 긍정해보자. 지금 나의 삶이 누군가에게는 이루고 싶은 꿈일 수 있고, 내가 좇고 있는 이상적인 삶은 실체 없는 뜬구름일 수 있다. 높은 곳만 쳐다보던 고개를 내리고 지금 내 앞에 펼쳐진 아름다운 꽃길을 바라볼 수 있는 여유를 갖자.

# 3장 : 타인의 시선에 얽매여 답답할 때

## 20

**부모는 종종 아이에게 기대를 퍼붓고,
그 기대에 따르도록 아이를 옭아맨다.
요즘 같은 저출산 시대에 행해지는
보편적인 아동 학대다.**

## 타인의 감정일까, 내 감정일까

아이는 부모의 환한 웃음을 보고 싶다는 마음 하나로 살아간다. 자신의 어린 시절을 떠올려보면 바로 알 수 있을 텐데 부모라는 역할에 얽매이면 그 사실을 잊어버린다. 그래서 본인의 기대를 아이에게 강요하고, 부모를 웃게 해주기 위해 억지로 따라와 주는 아이의 본심을 알아차리지 못한다. 이런 보이지 않는 폭력을 저지르고도 깨닫지 못하는 부모가 세상에 넘쳐난다.

더구나 요즘 부모가 아이에게 거는 기대는 하나같이 일정한 방향을 향하고 있다. 모두가 일률적으로 아이에게 좋은 성적을 거두고, 좋은 학교에 가길 바라니 아이 역시 똑같이 성적에 집착하고 혹독한 경쟁에 내몰린다. 경쟁에 들어서면 승자도 패자도 있게 마련이라 아무리 노력해도 부모의 기대에 미치지 못하는 가여운 아이가 나온다.

그럴 때 "여기서 어떻게 더 열심히 하란 말이야!" 소리치며 문을 쾅 닫고 들어가 버리는 아이라면 아직은 괜찮다. '보이지 않는 폭력'이라는 학대를 거듭해온 부모에게 충격을 안겨 앞으로 자연의 이치에 맞는 부모 자녀 관계가 시작될지도 모른다.

하지만 유감스럽게도 이 시기에 이르러 부모의 학대에 맞서 반항하는 아이보다 묵묵히 감내하는 아이가 압도적으로 많다. 이런 아이가 '모범적인 착한 아이'로 불리고, 보이지 않는 폭력으로 채워진 부모 자녀 관계가 '건전한 부모 자녀 관계'로 불리고 있어 문제다.

건전한 부모는 아이에게 헌신함으로써 아이를 압박한다. 이런 종류의 헌신을 '공의존'이라고 하는데 공의존은 '친밀성'이라 불리는 것과 매우 흡사한 모습을 띠고 있다.

공의존자는 타인의 감정과 자신의 감정을 명확하게 구분 짓지 못하는 자기중심적인 병을 안고 있다. 공의존자는 정서적인 분위기에 휩쓸려 살아가므로 상대의 침묵이나 불쾌한 표정 하나에도 불안해한다. '나 때문에 저 사람이 기분 나빠 하는 건 아닐까? 애초에 나에게 결함이 있는 건 아닐까?' 생각하며 전전긍긍한다.

사랑하는 사람이 자기 이외의 사람에게 눈길을 주거나 자기와 다른 곳을 바라보면 사랑이 식었다고 생각해 더 강한 지배욕을 드러낸다. 가장 가까운 타인인 아이를 뜻대로 조종하려 한다.

부모에게 사랑받기만을 바라는 아이가 이 폭력에서 벗어나기란 극히 어렵다.

부모가 학대가 학대인 줄 모르고, 사랑이 사랑이 아니었음을 깨닫지 못하면 우리 사회에 겉은 멀쩡하지만 속은 아픈 아이들이 점점 늘어날 것이다.

## 21

**선택의 여지가 없을 때 우리는 희생자가 된다.**
**여러 가지 선택지가 있고**
**내가 선택한 결과에 책임질 수 있다면**
**비로소 진짜 어른이 되었다고 한다.**

## 우리에겐
## 선택할 권리가 있다

동일본 대지진의 희생자는 대지진이 일어나리라는 사실을 예측할 수 없었기에 그곳에 있는 것 외에 다른 선택을 내릴 수 없었다. 따라서 그들은 희생자다. 그곳에 꼭 있을 필요 없었거나 피난이라는 선택지가 있었음에도 대지진을 경험하고 싶어 피하지 않았다면 희생자라고 할 수 없다.

부모와의 관계에서 아이에겐 선택지가 없다. 부모에게 의존하지 않고는 살아갈 수 없기 때문이다. 아이는 점점 자라면서 의존 상태에서 벗어나 어른이 되어간다.

부모에게 의존하지 않고도 살아갈 수 있다면, 희생자 이외의 선택지를 갖게 된다면 더는 아이가 아니다. 의존하지 않고도 살아갈 수 있으나 부모에게 의존하는 길을 선택했다면 이 역시 희생자라고 할 수 없다.

어린 시절 친구와의 관계에서 마음에 깊은 상처를 입고 그 상처 때문에 계속 괴로워하고 있다면, 고통이 너무 커 다른 삶은 생각할 수 없다면 그 사람은 아직 아이에서 벗어나지 못한 상태이다. 몸은 자라 어른이 되었고, 마음 역시 어린 시절의 상처에서 벗어날 수 있다는 선택지를 눈앞에 두고 있으나 여전히 과거의 기억에 얽매여 있다. 이제 어린아이도, 희생자도 아니지만 변화가 두려워서 혹은 자신에겐 아무런 선택지가 없다고 생각해 그 자리에 그대로 머물러 있다. 더는 이렇게 살기 싫다고, 이 정도 일로 괴로워하기엔 내 인생이 소중하다고 외치며 자신의 길을 스스로 개척해나가야 비로소 어른이 될 수 있다.

희생자였을 때 겪은 고통과 부모에게 받은 피해를 조용히 덮고 넘어갈 수 없다면, 어떻게든 내 아픔을 가해자에게 전달하고 싶다면 일단 속이 후련해질 때까지 분노를 토해본다. 하지만 그 후엔 어른이 된 지금 자신의 욕망을 파악한 뒤 그 욕망을 충족시키며 건실하게 살아가야 한다.

"어른이 되어라", "더는 과거에 연연하지 말라"고 공허한 조언을 늘어놓을 마음은 없다. 어른이 된다는 것은 더욱 자유로워지고, 선택지가 많아진 상태라는 사실을 말하고 싶을 뿐이다.

단 넓은 선택지 안에서 유연하게 살아가려면 스스로 선택한 결과를 받아들일 각오가 필요하다. 그러려면 '나는 이 세상에 단

하나뿐인 소중한 존재'라는 건전한 자존심을 갖고 균형 있게 살아가는 능력을 갖춰야 한다. 나와 성향이 다른 사람도 이해하고 인정하며 '전체'의 균형을 유지해야만 유연하게 살아갈 수 있다.

아무쪼록 한 가지 역할에 고정되지 말고 다양한 가능성 안에서 좋아하는 길을 선택해 걸어가는 자유로운 어른이 되자. 언제까지나 자신을 고정된 선택지 안에 가두고 일부러 희생자인 '아이'를 연기하며 괴로워할 필요가 전혀 없다.

## 22

어떤 도그마를 무너뜨리려면
그것과 대립하는 도그마를 심는 것이 효과적이다.
"자립해야 한다."
"일하지 않은 자 먹지도 말라."
이런 고정관념 때문에 괴롭다면
다음과 같은 도그마를 심어준다.
"일하지 않고 놀면 좀 어때?"
"부모님한테 지원받을 수 있는 것도
내 복 아니야?"

# 세상의 눈치를 보며 사는 일

도그마dogma란 그 사람이 가진 절대적이고 완고한 신념을 가리킨다. 여러 선택지 중에서 스스로 그 도그마를 고른 것이라면 괜찮다. 이런 경우라면 일단 믿었던 도그마도 상황에 따라 무너뜨리거나 바꿀 수 있다.

하지만 '이것밖에 없다', '이렇게 하는 수밖에 없다'라는 하나의 도그마에 사로잡혀 있다면 선택이 아니라 세뇌와 같다. 나쁜 상황이 닥쳐도 여전히 그 사고에서 벗어나지 못한 채 숨 막히는 인생을 살아간다.

이런 도그마는 어릴 적 부모에게 전달받은 경우가 대부분이다. 부모는 속으로 '이 정도면 괜찮다'고 생각하면서도 아이가 사람들에게 손가락질받지 않도록 "그러면 주위 사람들에게 비웃음 당한다"고 가르친다. 부모가 말과 행동으로 전하는 이런 메시지를 매일 전달받은 아이는 마침내 세상의 눈에 굴복한다. 부모가 갖고 있는 두려움이나 불안, '이렇게 되어야만 한다'는 가르침을 아이가 자신의 것으로 받아들이게 되는 것이다.

이렇게 하여 부모와 마찬가지로 세상의 눈치를 보는 아이가 완성된다. 그들에게 세상은 종교와 같다. "남에게 폐를 끼쳐선 안 된다", "튀지 말아라", "일하지 않은 자 먹지도 말라" 같은 교리를 바탕으로 돌아가는 종교이다.

이 세상의 눈은 마음속 내적 어머니로 자리 잡고, 어른이 된 뒤에도 '너는 부족한 인간이니까 더 열심히 노력해야 해'라고 채찍을 휘두른다. 세상에 순종하라는 내적 어머니의 목소리가 항상 들려오므로 남들처럼 살려고 필사적으로 노력하거나 반대로 반항하며 죄책감을 떠안는다.

내적 어머니의 목소리에서 벗어나고 싶지만 그럴 수 없다면 이 방법을 사용해보자. 내적 어머니가 심어놓은 기존의 도그마와 정반대되는 도그마를 심는 것이다. "일하지 않은 자 먹지도 말라"가 아니라 "일하지 않고 놀면 좀 어때? 부모님한테 지원받을 수 있는 것도 내 복 아니야?"라는 도그마를 심는다. 죄책감이 덜어지고 좀 더 다양한 삶의 형태를 인정할 수 있는 유연한 사람이 될 것이다.

**23**

**초조해하거나 자책하지 말자.**
**당신의 부모가 당신에게 했던 잔혹한 행동을**
**당신이 자신에게 되풀이하게 된다.**
**먼저 자신에게 상냥해지자.**
**이것이 나를 바꿔나가는 요령이다.**

## 부모의 아바타가 되지 않으려면

어른이 되어 어느 정도 시간이 흘렀다면 누구나 '그때는 내가 잘못했어', '그건 옳지 않았어'라고 생각하게 되는 일들이 하나둘 떠오를 것이다. 자신이 저질렀던 실수, 잘못, 모순을 자각했다면 천천히 수정해나가면 된다. 초조해하거나 잘못에 집착해 자신이 가진 단점만 자꾸 들춰내선 안 된다.

부모 또한 욕망을 가진 존재다. 아이를 키우면서 개인적인 욕망을 아이에게 투사한다. 세상에 자랑할 만한 훌륭한 아이의 부모가 되고 싶다. 남에게 폐 끼치지 않고, 무리 안에서 너무 튀지 않고 욕망을 자제하며 이만큼 살아온 부모에게 자신이 만들어낸 훌륭한 아이는 더할 나위 없는 기쁨이다. 자신이 돋보이고 싶다면 직접 훌륭해지면 될 텐데, 자신의 욕망을 아이를 통해 대신 이루려 한다.

아이가 어릴 때부터 부모는 "남들처럼 평범하게 살아야 한다"고 말한다. 그리고 동시에 "남에게 지지 말라"고도 말한다. 자신의 욕망을 앞세우면 남에게 폐를 끼치게 되니 "욕망을 자제해라, 가만히 있어라"라고 말하면서 "최고가 되어야 한다"고도 말한다. 자신의 욕망이나 주장을 참고 드러내지 않으면 최고가 될 수 없다고 생각하는 것이 이런 부모들의 말에 숨은 맹점이다.

사실 부모들이 가진 가장 큰 목표는 아이가 '낙오되지 않도록 하는 것'이다. 모난 돌이 정을 맞으므로 내 아이는 다른 사람보다 너무 위로 올라가선 안 된다. 남에게 폐를 끼치지 않으면서 최고가 되는 게 가장 좋다. 최고가 된 뒤에도 "주변 사람들 덕분이다. 절대 내가 잘나서, 내가 잘해서 성공한 것이 아니다"라고 말하며 겸허하고 낮은 자세를 취하는 것을 올바른 행동으로 여긴다.

결국 부모는 아이에게 권위를 내세운다. 수많은 부모가 "너는 그냥 아이로 있어라. 내 말에 토를 달지 말고, 이의를 제기하지 말고 얌전히 내 말을 따르라"며 강요한다.

부모에게 사랑받고 싶은 아이는 이런 부모의 요구를 어떻게든 수용하려 한다. 그리고 부모가 주입한 생각이나 신념을 몸과 마음에 깊이 새겨넣는다.

원래 한번 머릿속에 자리 잡은 신념은 좀처럼 바꾸기 힘들다. 그것 외의 주의나 주장을 인정하지 않고 배제하려 한다. 살면서 계속 변화하는 인간과는 정반대되는 부자연스러운 행위라고 볼 수 있다.

어른이 되어 부모가 자신에게 심어준 잘못된 신념 혹은 자신의 가치관과 배치되는 신념을 깨닫는다면 더는 그 생각에 끌려다니지 말고 단호히 독립해도 된다. 언제까지나 부모의 말을 따를 필요는 없다. 내 인생은 나답게, 내가 살고 싶은 방향으로 살아도 괜찮다. 경제적인 독립뿐 아니라 정신적인 독립을 이루어야 진정 자유로운 인간이 될 수 있다.

이제 그만 부모의 그늘에서 벗어나고 싶다면 부모가 당신에게 했던 것과 다른 행동을 자신에게 해주자. 자책하며 자신을 괴롭히는 건 부모가 당신에게 했던 행동을 반복하는 것이다. 우선 자신을 상냥하게 대하자. 그리고 천천히 가도 된다는, 여유로운 마음을 갖자. 이것이 바로 자신을 변화시켜나가는 요령이다.

## 24

타인의 눈에 어떻게 비치든
'나'는 스스로 껴안아줄 만큼
가치 있는 존재다.
자신을 사랑스럽다고 생각하게 되면
마음이 평온해지고,
스스로를 지키는 힘을 자각할 수 있다.

# '흠잡을 데 없는 나'라는 허상

부모, 친척, 교사, 상사 등 "이렇게 해야 한다", "저렇게 해선 안 된다"고 요구하고 기대하는 사람이 우리 주변에 넘쳐난다. 나만의 원칙을 정해두고 적당히 한 귀로 흘려보내야지, 사람들의 시선이 신경 쓰여 모든 사람의 기대에 부응하려고 노력하면 그 순간 갑갑하고 숨 막히는 삶이 시작되고 만다.

성적이 좋아야 한다, 똑똑하고 눈치가 빨라야 한다, 마음씨 고운 사람이 되어야 한다, 몸매가 좋고 예쁘고 성격도 밝고 긍정적인 사람이 되어야 한다. 이런 주위의 기대와 요구에 맞추려고 열심히 달리다 보면 늘 긴장과 불안에 시달리고 작은 실수 하나에도 자신의 처지를 비관하게 된다. 무언가를 해보려 하지만 남의 시선 때문에 결과가 두려워 발을 내딛지 못하고, 어찌어찌 한 발을 내딛더라도 주위에서 칭찬할 만큼의 결과가 나오지 않으면 자기혐오에 빠진다.

자기비하의 악순환을 반복하다 보면 점점 자신의 가치를 낮춰 본래 갖고 있던 힘마저 잃어버리고 만다. 남들이 뭐라고 하든, 어떤 기대를 하든, 어떤 시선으로 바라보든 자신은 둘도 없는 소중한 존재임을 인식했을 때 우리는 인생을 혼자 힘으로 살아갈 수 있는 능력을 손에 넣게 된다.

역설적이지만 '특별히 똑똑하지도 않고, 눈에 띄게 예쁘지도 않고, 몸매도 빼어나지 않고, 실패만 하고, 유머나 센스도 없는 평범한' 자신을 있는 그대로 인정할 수 있을 때 비로소 "이게 그냥 나"라고 말하는 것만으로도 자신의 가치를 실감하게 된다. 내가 가치 있는 존재임을 깨닫고 나면 소중한 나를 지키겠다는 의욕이 샘솟는다. 어깨에 잔뜩 들어갔던 힘이 쏙 빠져 자기답게, 즐겁게 살아갈 수 있다.

어렵게 생각할 필요 없다. 기대에 부응하지 못하면 버림받을지 모른다고, 외톨이가 되어 고독해질지 모른다고 겁낼 필요도 없다. 아무도 당신이 생각하는 만큼 당신에게 신경 쓰지 않는다. 나에게 나만큼 관심 갖는 사람은 이 세상에 없다. '남들이 기대하는 흠잡을 데 없는 나'는 허상에 불과하다. 남들이 당신에게 보냈던 기대나 요구의 시선은 어쩌면 당신 스스로 자신에게 바랐던 기대와 요구였을지 모른다.

그 시선에 칭칭 얽매여 혼자 고민하고 괴로워하면서 소중한 시간을 허비해왔다면 이제부터라도 나를 옭아매는 시선을 던져버리고 자유롭게 살아가자. 아무리 완벽해 보이는 사람도, 행복해 보이는 인생도 자세히 들여다보면 실수투성이이며, 기쁨과 절망의 연속임을 기억하자.

## 25

**포기는 그것을 거부하는 것과 같다.**
**받아들이기는 그것을**
**자신의 일부로 삼는 것과 같다.**

# 받아들이기와 포기하기의 차이

"자신을 있는 그대로 받아들입시다."

"결점까지 포함하여 자신을 사랑하고 안아줍시다."

나는 환자들에게 이런 말을 자주 한다. 그러면 환자들은 불만을 터뜨린다.

"지금 이대로의 나로 만족하란 말인가요?"

"이렇게 힘든데 만족하는 게 가능한가요? 그냥 포기하고 살라는 겁니까?"

자신을 '결점을 포함해 받아들이는 것'과 '포기하는 것'은 엄연히 다르다. 받아들이면 홀가분하고 평온하고 따뜻한 기분이 들지만 포기하면 슬프고 외롭고 분하고 억울한 기분이 든다. 내가 나를 받아들인 것인지 아니면 포기한 것인지 헷갈린다면 마음속을 들여다보자. 지금 나는 어떤 기분을 느끼고 있는가?

내가 이렇게 물으면 환자들은 다시 다음과 같이 질문한다.

"내가 나를 포기했다는 걸 알았다면 어떻게 해야 하죠? 포기하지 말고 받아들여야 한다고 의도적으로 생각하면 받아들일 수 있는 건가요?"

받아들이겠다고 마음먹는다고 해서 금방 자신을 받아들일 수 있게 된다면 무엇이 문제겠는가? 하지만 마음은 생각대로 조종할 수 없고, 오히려 열심히 하면 할수록 외로움과 슬픔은 더 커질지도 모른다.

자신을 받아들이지 못하는 사람은 엄격한 기준을 세워 자신을 비판하고, 주위에서 한마디씩 참견하는 말에 얽매여 살아간다. 주위가 정한 규칙이나 가치관에 휘둘려 그 기준에 자신이 부합하는지 수시로 점검한다.

세상의 기준이 어떻든 누가 뭐라고 하든 당신은 당신의 생각대로 살아가면 된다. 내가 좋아하는 일은 무엇인가? 내가 하고 싶은 일, 가치 있다고 생각하는 것은 무엇인가? 무엇을 소중하게 여기는가? 당신 안에 오랫동안 잠들어 있던 다양한 욕구에 귀를 기울여보자.

내 욕구가 무엇인지 생각해본 적 없다면, 쉽게 알아차릴 수 없다면 끊임없이 질문을 던져보자. 지금 먹고 있는 이 음식이 내가 정말 먹고 싶은 음식인가 아니면 사람들이 먹자고 하니 따라 먹는 것인가? 지금 말한 내 의견이 정말 나의 생각인가 아니면 부모, 선생님, 상사, 친구, SNS 속 누군가의 의견인가? 이런 방식으로 차근차근 하나하나 점검해나가다 보면 '나의 욕구'에 가까워질 것이다. 그리고 이렇게 나의 욕구를 발견하고 귀 기울이고 그 욕구를 충족시키며 살 수 있게 된다면 당신은 당신 자신을 있는 그대로 온전히 받아들이게 될 것이다.

26

공허하고 외로운 어머니 중에 간혹
온순한 딸을 둔 혜택받은 사람이 있다.
그 어머니는 딸을 자신의 불평을 들어주는
인생 상담역으로 만든다.
딸이 '어린 카운슬러'로서
어머니에게 의지가 되면
어머니와 딸의 견고한 '모녀 사슬'이 형성된다.

## 상처를 안고 어른이 되었다

1980년대에 들어서 이른바 섭식장애라 불리는 병을 앓는 소녀들이 나를 찾아오기 시작했다. 섭식장애를 앓는 소녀들이 급증한 이유 중 하나는 소녀들의 어머니가 겪은 내적 갈등에 있다.

제2차 세계대전 후에 사춘기를 맞이한 소녀들의 어머니는 학창 시절에 맘껏 꿈을 펼치라는 격려를 받으며 자랐으면서도 전통적인 아내, 어머니의 역할(타인에게 봉사하는 역할)을 당연한 듯 강요받고 큰 갈등 없이 그 역할을 선택한 사람들이다. 하지만 세월이 흐르면서 '내가 없는' 나의 삶이 가져오는 일상의 공허함과 갑갑함에 의욕을 잃어갔다.

언제 귀가할지 모르는 남편을 위해 저녁밥을 준비해놓고 기다리는 생활, 남편의 전근에 따라 낯선 곳을 이리저리 떠도는 생활, 온몸을 바쳐 남편과 아이에게 봉사하면서도 경제적으로는 단순한 의존자에 불과한 생활……. 이런 생활에 의문을 품게 되자 일부 여성들은 우울함에 사로잡히고 일부 여성들은 '헌신적인 아내', '성스러운 어머니'라는 자기인지와 단호히 결별을 선언했다.

여성들이 보인 이런 변화는 가정 내에서 긴장감을 자아냈다. 공허한 삶이, 갑갑한 생활이 모두 남편과 아이 탓인 양 주변 사람들에게 분노와 원망을 토해내는 경우가 늘어났고, 남편들 또한 아내의 외로움이나 분노를 이해하지 못한 채 방관하거나 분노에 분노로 대응하며 무마하려 했다.

부모의 갈등과 불화 속에서 자녀들은 신음했다. 마음이 아픈 어머니들은 남편에게 쌓인 불평과 불만을 딸에게 남김없이 털어놓으며 딸을 '어린 카운슬러'로 만들었다. 어머니의 고통을 자신 탓으로 여기며, 어떻게든 어머니를 웃게 만들고 싶은 자녀는 어머니의 감정 쓰레기통이 되어 어머니가 아무 생각 없이 던지는 나쁜 감정을 모두 받아냈다.

어린 카운슬러는 상담 상대의 표정에 민감해 상대의 불행을 자신의 불행인 양 함께 고민한다. 어머니 자신이 의식하지 못하는 야심과 분노, 외로움과 두려움은 명확한 형태로 딸에게 정착한다. 그런 한편에선 아버지에 대한 적의와 아버지에게 버림받을지도 모른다는 공포가 동시에 생겨나 어머니와의 밀착 관계를 더욱 공고히 만들고 이는 '모녀 사슬'을 이루어 두 사람을 꽁꽁 묶어버린다.

이 사슬을 끊어내려면, 어머니도 딸도 행복해지려면 우선 어머니가 행복해져야 한다. 그동안 자신을 지켜온 딸에게 감사와 미안함을 표시하고, 내가 행복할 수 있는 삶, 내 욕망을 우선하는 삶을 찾아야 한다. 상처 없는 인생을 사는 사람은 없다. 이 사회의 작동 방식이 내 인생에서 나를 지우도록 설계되어 있음을 깨닫고 거기서 벗어날 방법을 찾아내야 한다. 이것이 내 삶이 행복해지는 방법이자 주변 사람을, 특히 자식을 또 다른 희생양으로 삼아 함께 무너지지 않는 방법이다.

## 27

남자들은 어머니에게
특별한 감정을 갖고 있다.
좋게 말하면 사랑이지만
나쁘게 말하면 환상이다.
어머니를 향한 이런 마음이
여성의 육아를 신성시하고
어머니라는 말만 들어도
무한한 자애와 조건 없는 헌신을
기대하게 만들었다.

## '~하지 않으면 안 된다'는 굴레

동서양을 막론하고 남자라는 존재는 여성을 '성스러운 어머니'와 '음탕한 작부'로 구분하며 두 이미지가 한 여성 안에서 통합되는 것을 두려워해왔다. 성스러운 어머니는 음탕해선 안 되고 음탕한 작부는 어머니여서는 안 되었다.

우리는 보통 모성이란 여자라면, 어머니라면 무조건 가져야 하는 감정이라고 생각한다. 그리고 어머니라면 자신의 모든 생명 에너지를 자식에게 쏟아붓고 몸과 마음을 다해 온갖 고난에서 자식을 지켜주어야 한다고 생각한다.

이런 어머니에 대한 환상은 어머니들이 자기 자신을 위해 살아가는 것을 어렵게 만들었다. '어머니의 품'을 잊지 못하는 남자들은 모교母校를 졸업하고, 모기업母企業에서 응석받이 사내아이를 연기하며 퇴근길에 들른 술집에서 '마마'라고 불리는 접대 여성에게 위로받는다. 아내를 '엄마'라고 부르며 남편과 아버지라는 남자 역할 대신 가족 내 나이 든 아이로서 일생을 마치려 한다.

남자들이 어머니에게 갖는 이런 갈망을 포착하게 되었을 때 여성들은 모성 본능이라는 신화의 견고한 덫에 갇히고 만다. 무엇보다 비극적인 것은 여성 자신이 그런 환상을 부추긴다는 데 있다. '어머니'라는 환상에 일조하는 한 여성은 이 사회에서 평온함을 얻고 흠모받는다. 하지만 그 대신 참 자기true self의 특징인 생생한 현실은 잃어버린다.

가장 원초적인 사회규범은 문화 속에 침투해 그곳에 사는 사람들의 내면을 파고든다. 어머니는 자식을 사랑하지 않으면 안 된다는 규범이 그렇듯이 여성을 내면에서부터 지배한다. 내면을 지배당한 여성들은 "~하지 않으면 안 된다"를 "~해야만 한다"로 받아들여 '어머니는 아들을 사랑해야만 한다'는 사고를 마치 여성의 본능처럼 생각하게 되었다.

우리 사회는 결혼하지 않은 여성을 곱지 않은 시선으로 보고, 아이를 낳지 않거나 혹은 낳지 못하는 여성을 색안경을 쓰고 봐왔다. 그리고 이런 색안경은 여전히 사회 전체를 뒤덮고 있다.

모성이 인간의 본성이 아님을, 엄마도 아이를 키우며 행복과 절망을 동시에 가질 수 있음을, 사랑과 증오를 동시에 품을 수 있음을 인정하는 분위기가 조금씩 조성되고 있지만 아직도 갈 길이

멀다.

이제 그만 어머니를 놓아주면 어떨까? 나를 위해 무조건 희생하는 성스러운 존재가 아닌, 개인적인 욕망을 가진 한 인간으로 인정해주면 어떨까? 그동안 우린 어머니라는 이름으로 한 인간에게서 너무 많은 것을 빼앗아왔다.

## 28

우리는 자신의 개성에 따라,
자신을 위해 살아가려고 태어났다.
누군가에게 도움이 되기 위해,
희생하기 위해 살아가는 사람은 없다.

## 바꿀 수 없는 것을 바꾸려 할 때

내가 일본인이고 남자이며 이 정도의 키에 이런 체형에, 어느 해에 어떤 부모의 품에서 태어났다는 것은 나의 아이덴티티(자기 동일성, 개성)이다. 아이덴티티는 스스로 바꿀 수 있는 것이 아니다. 그 점을 확신해야 안식과 평안이 찾아온다.

현대인은 바꿀 수 없는 것을 바꾸려 애쓰고, 자신이 통제할 수 없는 일까지 통제하려 아등바등한다. 더 나은 내가 되기 위해, 불안을 없애기 위해 애쓰는 이런 노력이 오히려 자존감을 깎아 먹고 불안을 심화한다는 사실을 모른 채 말이다.

타인에게 도움이 되든 되지 않든 우리는 자신의 개성에 따라 자신을 위해 살아가려고 태어났다. 누군가에게 희생하기 위해, 누군가의 디딤돌이 되기 위해, 누군가의 인생에 조연이 되기 위해 살아가는 사람은 없다.

모두가 때론 우울해하고, 때론 두려워하고, 때론 질투하고, 때론 어리석은 실수를 저지르며 산다. 그것이 인간이라는 존재다. 어차피 우리는 신이 아니다. 모든 면에서 한계를 안은 채 이 세상에 존재하며, 다양한 욕구와 감정을 갖고 타인과 유대하며 살다가 죽을 뿐이다. 그렇다면 지금 이대로의 나로도 괜찮지 않을까.

깊은 절망에 빠져 있더라도, 견디기 힘든 슬픔을 겪고 있더라도 버티다 보면 어두운 시간은 지나가고 다시 희망과 행복이 찾아오리라는 사실을 믿고 기다려볼 수 있지 않을까. 행복한 인생에 가끔 불행이 찾아오고, 재수 없게 내가 그 불행의 희생자가 되었다 생각하지 말고, 대부분 불행한 인생에 간혹 행복이 찾아와 불을 밝혀주는 게 인생이라고 생각해보면 어떨까. 모두에게 같은 타이밍에 같은 간격으로 행복이 찾아오는 건 아니라는 사실을, 나에게도 과거에 행복한 순간이 있었고 그 순간이 앞으로도 찾아올 것이라는 믿음을 가져본다면 어떨까.

커다란 산을 번쩍 들어 옮겨보겠다고 용을 쓰면 힘만 빠진다. 산과 더불어 자연을 즐기며 살아가는 것이 더욱 현명한 방법이다.

# 4장 : 인간관계에서 소외당할까 봐 두려울 때

## 29

**요즘 젊은이들은**
**'주변 사람'처럼 살지 않으려고**
**열심히 노력하지만**
**마음 깊숙이에는 '주변 사람'처럼 살지 못할까 봐**
**두렵고 초조한 마음이 자리 잡고 있다.**

## 남들처럼 살기 싫지만 남들만큼 살지 못할까 두렵다

언젠가 약물의존증에 걸린 젊은이들에게 "반피"라는 말을 들은 적이 있다. 무슨 뜻인지 물어보니 '일반 피플'의 줄임말로서 "회색 양복을 입고 넥타이를 맨 샐러리맨으로 아버지나 친척 등 주변의 가까운 사람"을 가리킨다고 말했다.

시간이 꽤 흘렀지만 지금도 그때와 다름없이 '주변 사람'처럼 살고 싶지 않은 많은 젊은이가 나를 찾아온다. 그들은 '주변 사람'처럼 살지 않으려고 열심히 스펙을 쌓고 자신을 가꾸지만 마음 깊숙한 곳에는 강한 열등감과 초조함을 갖고 있다. 부모의 기대에 따라 성공한 사람이 되어야 하고, 사회에서 낙오자가 되어선 안 되며, 경쟁에서 이겨야 한다는 압박감에 따른 초조함이라고 봐도 좋다.

그들에게 부모의 실망한 얼굴을 보는 것만큼 두려운 일은 없다. 하지만 부모의 기대에 맞는 성적을 거둘 수 있는 사람은 몇 안 된다. 평범하게 살 수밖에 없는 많은 젊은이가 또래와의 승부에 지쳐 방에 은둔한다. 더 심하면 극단적으로 마른 몸을 추구하며 거식증이나 과식증에 걸리기도 한다. 설령 병에 걸리더라도 평범한 것보다는 낫다고 생각한다.

무엇이 젊은이들을 이런 극단적인 불안 속으로 내몰았을까. '성공한 삶은 이런 것이다'라는 길을 몇 가지 규정해두고 수많은 청년을 그 길로만 몰아간 어른의 잘못은 아닐까. 다양한 삶의 방식을 인정하지 않고 조금만 다른 삶을 추구해도 루저, 실패자, 낙오자의 딱지를 붙이는 경직된 사회의 탓, 그런 사회를 만들어온 우리 모두의 잘못은 아닐까.

"어떻게든 이겨야 하는데 내 맘대로 안 돼요. 차라리 내 몸이 아프면 경쟁에서 지더라도 봐주지 않을까요?"

원하는 성적을 거두지 못한 한 청년이 병원 의사를 찾아와 이렇게 말했다고 한다. 무엇이 생기 넘쳐야 할 젊은이를 이렇게 만들었을까.

요즘 젊은이들은 패기가 없다, 도전 정신이 부족하다, 너무 나약하다 비판하기 전에 그들이 그럴 수밖에 없는 이유를 돌아보면 좋겠다. 찬란해야 할 젊음의 불꽃이 시들어가는 까닭을 성찰해보면 좋겠다. 그들이 살아남기 위해 누구와 어떻게 치열한 전쟁을 벌이고 있는지 살펴보아야 할 때이다.

## 30

무언가에 중독된 사람에게는
대인공포증이 있다.
그들이 음식이나 술을 조절하지 못하는 이유는
그것들을 가까이하면
"인정받느냐 받지 못하느냐" 하는 공포에서
벗어날 수 있기 때문이다.
냉장고는 말이 없고
술병은 아무것도 요구하지 않는다.

## 외로운 건 싫은데
## 내 영역을 침범당하는 것도 싫다

우리는 자기 이외의 누군가에게 아무런 조건 없이 전부 인정받기를 간절히 바란다. 있는 그대로의 나를 좋아해 주기를 바라는 것이다. 하지만 인정받고 싶다는 자신의 바람은 간직한 채 똑같은 타인의 인정 요구는 무시하면 상대는 그저 당신의 비위를 맞춰주는 사람에 불과하게 된다. 어쩌면 상대는 당신에게 '내가 저 사람의 노예인가?'라는 생각을 품을지도 모른다.

상대가 당신의 태도를 알아차리고 당신에게 인정받기를 포기한 채 멀어지면 그제야 당신도 상대를 배려하고 양보할 필요성을 깨닫는다. 이렇게 하여 우리는 자신을 인정해주기 바라는 '자기주장'과 자신을 인정해주는 타인의 가치를 찾아내는 '타인 인정'의 균형점을 찾으며 하루하루 살아간다.

친밀감이란 이렇듯 서로를 인정하는 두 사람 사이에 생기는 감정이다. 사랑의 감정이라고 해도 좋다. 누군가를 사랑하면 그 사람에게 가까이 다가가 그 사람의 생생한 존재를 느끼려 한다. 그러나 그러려면 자신의 경계 안으로 다른 사람이 침입하는 것을 허락해야 한다. 너무 멀리 떨어져 있지 않지만 그렇다고 너무 깊이 들어가 그 사람의 모든 것을 움켜쥐려 하는 것도 아닌, 아슬아슬한 균형을 토대로 대등한 관계를 맺지 않는 이상 진정한 친밀감은 생기지 않는다.

대인공포증은 현실의 인간관계 속에서 이런 친밀감을 구축할 수 없을 때, 타인의 노예가 되고 싶지 않을뿐더러 타인을 지배할 힘도 갖고 있지 않을 때 생겨난다. 고독하고 견디기 힘들 만큼 외로워 타인의 인정을 간절히 바라지만 인정을 받으려면 자신의 세계에 타인이 침입하는 걸 허락해야만 한다. 그 불안과 공포를 견딜 수 없는 것이다.

따라서 대인공포증이 있는 사람은 현실의 인간관계가 아닌 물건과 관계를 맺으려 한다. 물건을 상대하는 한, 인정을 받느냐 받지 못하느냐 하는 공포도, 타인을 지배하게 될지 모른다는 걱정도 할 필요가 없기 때문이다.

누군가에게 존재 자체로 사랑받아본 적 없는 사람이라면 사람과 관계 맺는 데 두려움을 느낄 가능성이 크다. 어릴 적 부모에게 자신의 세계를 과도하게 침범당했거나 아예 빼앗겨버린 사람은 또다시 자신의 세계를 빼앗길까 봐 혹은 자신이 누군가의 세계를 빼앗아버릴까 봐 두려워 선불리 낯선 사람에게 다가가지 못한다.

이것이 바로 우리가 관계 속에서 온전한 한 인간으로 존중받으며 진정한 친밀감을 경험해봐야 하는 이유이다. 친밀감을 바탕으로 한 안정감이 없다면 그 누구도 마음속에 들일 수 없다.

## 31

제대로 기능하는 가정에선
자기답게 있어도 되고,
자신의 욕망에 따라 살아갈 수 있으며,
타인에게 구속받지도 않는다.
가족의 구성원은 비단 혈연에 한하지 않는다.

## 누구에게나
## 안전한 장소가 필요하다

현대사회에선 모두 다양한 역할을 연기하며 살아간다. 일 잘하는 회사원, 아이에게 한없이 자상한 어머니, 사교적이고 활달한 아이, 공부 잘하는 모범생 등 사회에서 소외되지 않고 어울려 살아가기 위한 역할을 상황에 따라 연기한다.

늘 가면을 쓰고 감정 없는 로봇처럼 살아가야 하지만 인간이 인간답게 살아가려면 긴장을 내려놓고 편안히 쉴 공간, 영혼의 안식을 찾을 수 있는 공간이 필요하다. 이런 공간이 바로 가정이다. 가정 안에서 우리는 가장 편안한 자세로, 아무런 가식 없이 정서적 교감을 나눈다.

가족은 혈연으로 맺어졌다고 저절로 완성되는 것이 아니다. 혈연으로 맺어졌지만 남보다 못한, 지옥 같은 가정을 수없이 볼 수 있다. 무엇보다 중요한 것은 가족이 머무는 그곳이 '안전한 장

소인가'라는 것이다. 안전한 장소란 다음의 세 가지 요건을 충족해야 한다.

① 기다려주는 사람이 있다. 내가 돌아와도 한 점 의심 없이 받아주고, 돌아오지 않으면 찾아주는 사람이 있는 장소는 그렇지 않은 곳보다 안전하다.
② 평가받지 않는다. "오늘 당신 멋진데!" 같은 말을 듣지 않고 "어제가 더 좋았어. 내일은 열심히 해" 같은 말도 듣지 않는다. 있는 그대로, 내가 편안한 모습으로 빈둥대도 점수를 매기지 않는다.
③ 몸도 마음도 상처받지 않는다. 물리적인 공격을 받지 않을뿐더러 마음이 약해졌을 때 위로받고 용기를 얻을 수 있다. 배가 고프면 먹을 것을 제공받고, 추우면 따뜻한 이부자리를 제공받는 곳에서는 상처를 치유받을 수 있다.

이 조건을 충족하는 곳에서는 모두 자신의 욕망에 따라 살아갈 수 있고 구속받지도 않는다. 평화롭게 공존하며 지배 관계가 생겨나지도 않는다. 이런 사람들로 이루어진 가정은 구성원의 필요에 따라 다양하게 변화하고 아무도 필요로 하지 않으면 소멸한다.

가족은 반드시 혈연으로 이루어져야 한다고 생각할 필요 없다. 서로의 영혼을 따뜻하게 위로해주는 사람들이라면 가정을 이루어 평화롭게 살아갈 수 있다. 혈연으로 맺어진 가족이 안전함과 평온을 제공하지 못할 때에도 우리는 영혼을 치유하거나 성장시키는 '영혼의 가족'을 만들어 그곳에서 안식을 얻을 수 있다.

## 32

**누군가를 좋아하게 되면**
**우리는 여러 가지 이유를 생각해낸다.**
**하지만 그것은 대부분 거짓이다.**
**의식은 거짓밖에 떠올리지 않는다.**

## 두려움의 정체를 찾아서

"왜 그런 행동을 하셨나요?"라고 물었을 때 진짜 이유에 대해 명확히 답하는 사람은 거의 없다. "나는 이런 이유로 이렇게 행동했습니다"라고 답하는 사람도 사실 따지고 보면 무의식적으로 주변 상황이나 타인에게 영향을 받았음에도 알아차리지 못하는 경우가 많다. 무의식중에 누군가를 따라서 행동한 뒤 자신의 행동에 이유를 갖다 붙였음에도 말이다.

어느 날 딸의 폭력을 견디다 못해 딸과 떨어져 사는 어머니가 나를 찾아온 적이 있다. 딸과 함께 살 때 어머니는 딸의 약물 문제, 폭력배와의 연애, 동거남에게 당하는 폭행 등으로 골머리를 앓았다. 나에게 종종 "딸이 또 돈을 달라고 해요. 어쩌면 좋을까요?"라고 묻기도 했다.

딸과 떨어져 살면서 전화 통화로 이야기하는 시간이 길어지자 어머니는 딸의 목소리가 친정어머니의 목소리와 비슷하다는 사실을 깨달았다. 딸은 아기 때부터 울음소리가 크고 고집이 셌으며 행동이 거칠었다. 이제 와 냉정하게 돌이켜보니 딸의 목소리는 바로 친정어머니의 목소리였다. 어릴 적 친정어머니가 보인 말과 행동, 난폭한 태도에 항상 두려움을 느꼈던 기억도 되살아났다.

어머니의 의식에서 딸은 항상 까다롭고 요구가 많은 아이였다. 그때까지도 딸과 성격이 잘 맞지 않는다고 느끼긴 했으나 어머니는 그 사실을 애써 외면해왔다. 하지만 무의식에서 어머니는 딸과의 관계를 친정어머니와의 관계와 동일시하고 있었다.

이 어머니에게는 어떻게든 딸의 마음을 돌려 자신과 잘 맞는 아이로 만드는 것이 아주 중요한 일이었다. 이 목표를 달성해야만 어머니는 어릴 때부터 줄곧 공포의 대상이자 자신을 억압해온 친정어머니를 이기고 가혹한 기억에서 벗어날 수 있을 것이었기 때문이다. 이 어머니가 진정으로 벗어나야 할 대상은 눈앞의 딸이 아니라 무의식에 자리 잡은 친정어머니였던 것이다.

너무 밉고 싫은데 그 사람에게서 도저히 벗어날 수 없을 때, 아픈 상처에서 이제 그만 벗어나고 싶은데 그 생각을 멈출 수 없을 때 우리는 무의식을 살펴봐야 한다. 왜냐하면 진짜 이유는 무의식 어딘가에 숨어 있기 때문이다.

원인을 제대로 알아야 고통에서 벗어날 길을 찾을 수 있는데 원인을 잘못 짚으니 늘 제자리에 머물 수밖에 없다. 무의식에 답을 두고 의식에서 헤매다 보니 늘 오답을 외친다. 마음이 아플 때 전문가를 찾으라고 말하는 이유가 바로 여기에 있다.

## 33

**떠올리고 싶지 않은 과거에서
도망치려 하면 할수록
과거는 멀어지지 않고 뒤를 바짝 쫓아온다.**

## 그럼에도 살아가는 힘에 대하여

트라우마란 무엇일까. 우리는 이 세상에서 일정한 질서와 연속성을 찾아내려 한다. 질서가 무너지면, 예측할 수 없는 세상이 되어버리면 불안해서 도저히 살아갈 수 없다. 오늘은 어제와 같은 하루였고, 내일도 오늘과 다르지 않을 것이다. 내일의 풍경은 오늘의 풍경과 같으며 오늘 잘한 일은 내일도 잘할 것이라고 굳게 믿으며 살아간다.

자연재해나 개인이 감당하기 어려운 사고는 이런 일상의 연속성을 차단하고 사람이 살아가는 데 중요한 기반이 되어주는 안전감에 흠집을 낸다. 재해나 사고를 겪은 사람은 주변의 사물과 상황에 이전과 같은 신뢰를 느낄 수 없다. 이 같은 체험을 트라우마라고 한다.

사람의 마음이 위험에 노출되는 경우는 자연재해나 사고만이 아니다. 오히려 타인의 공격이나 폭력이 사람의 마음에 더욱 파괴적으로 작용한다. 그 전형적인 예가 전쟁이다. 하지만 전쟁의 경우 자신과 똑같은 피해를 본 희생자가 다수 존재한다. 자기 혼자만 공격받은 상황에서는 트라우마가 더 심해진다. 예컨대 강도나 강간 피해를 입은 피해자는 자신이 전리품 같은 취급을 당했다는 사실에, 자신의 아픔에 공감해줄 사람이 없다는 사실에 자신감과 긍정감을 잃는다.

이런 일을 겪고 나면 비참했던 당시의 기억이 좀처럼 뇌리를 떠나지 않는다. 그 일이 일어났던 당시에 느꼈던 공포는 그 후로도 계속 찾아와 평온한 일상을 유지할 수 없다. 때때로 당시의 기억과 느낌이 멋대로 비집고 들어와 편히 잠을 이룰 수도 없다. 가장 가까운 가족도, 늘 곁을 지켜주는 친구도 어차피 자신의 고통을 이해하지 못할 거라는 생각에 스스로 자신을 고립시켜간다. 이처럼 트라우마가 한 사람의 인생을 계속 지배하는 일은 드물지 않다.

그렇다면 끈질기고 독한 트라우마에서 벗어나는 방법은 무엇일까? 과거에서 도망치려 할수록 과거는 우리를 바짝 뒤쫓아온다. 기억을 봉인한 채 현실을 부정하고, 감정을 지운 채 모든 것을 차단하면 과거와 결별할 수 있을 거라 믿는 사람이 있는데, 실제로는 그 반대다. 그럴수록 과거는 굶주린 들개처럼 우리를 쫓아온다.

오히려 도망가지 않고 당당하게 마주하면 더는 쫓아오지 못한다. 트라우마 치료는 상처받은 사람이 과거에서 벗어나도록 돕는 것이다. 그것을 가능케 하는 것이 "당신에겐 아픈 과거가 있다. 그런데 그게 어때서?"라는 질문이다. 힘든 경험을 한 사람이 어떻게든 살아남았다는 사실을 지적하고 그 힘을 깨닫게 하여 활용하는 것이다.

당신은 엄청난 고통을 겪었다. 그럼에도 아픔의 시간을 견디고 살아남았다. 당신의 내면에는 이미 단단한 삶의 에너지가 가득하다는 사실을 잊지 말자.

## 34

## 어덜트 칠드런이란
## 홀로 설 수 없는 사람들,
## 스스로 일어설 힘을 빼앗긴 사람들이다.

## 나를 믿어주는 친구란

알코올의존증 환자, 폭력을 행사하는 부모, 일에 빠져 가족을 내팽개친 아버지, 타인의 시선을 의식하느라 아이에게 따뜻한 눈길 한 번 주지 않는 어머니 등은 아이에게 안전한 환경을 제공해주기 어렵다. 이처럼 아이가 필요로 하는 환경을 제공해주지 못한 가정을 '기능 부재 가정'이라고 한다. 그리고 이런 가정에서 자란 사람을 어덜트 칠드런adult children이라고 부른다.

가장 안전해야 할 장소가 가장 위험한 장소가 된 가정에서 자란 어덜트 칠드런은 자신의 인생을 스스로 설계할 힘을 빼앗겨 어른이 되어서도 관계 맺는 데 어려움을 겪거나 주위와 분리된 생활 습관을 갖는다. 그들은 타인에게 사랑받기 위해 지나치게 자신을 희생해 누군가를 돌보려 하거나 부모의 행동을 그대로 되풀이하며 제멋대로 굴고 난폭한 태도를 보인다.

이들이 어덜트 칠드런에서 벗어나려면 먼저 빼앗긴 힘을 되찾아야 한다. 본래 자신이 갖고 있는 힘을 자각하고 그 힘을 사용해 새로운 관계를 맺도록 힘써야 한다.

이런 일련의 작업을 '임파워먼트empowerment', 즉 권력 부여라 하는데 단순히 "열심히 하라"고 격려하거나 잘할 수 있는 일을 늘어놓으며 유능함을 느끼게 한다고 해결되는 문제가 아니다. 오히려 그 반대로 지금까지 노력해온 방법을 바꾸기 위해 힘을 빼야 한다. 평온함 속에서 스스로 마음의 상처와 마주할 여유를 갖는 데서 모든 것이 시작된다.

어덜트 칠드런이 힘을 되찾으려면 부모처럼 엉덩이를 두드리며 열심히 하라고 부추기지 않는, 어덜트 칠드런의 힘을 믿는 치료자나 친구와 만나야 한다. 이런 치료자나 친구는 어덜트 칠드런 개개인의 '장점과 힘'에 주목해 그들 고유의 힘을 자각케 한다. 이런 과정을 통해 어덜트 칠드런은 스스로 힘을 키우며 강해질 수 있다.

아장아장 걷는 아이와 함께 가는 어머니를 생각해보자. 아이가 넘어졌을 때 혼자 일어설 수 있는 아이의 힘을 믿는 어머니는 아이를 지켜볼 뿐 손을 내밀지 않는다. 일어서려는 아이의 힘에 공감하고 일어선 아이의 힘을 칭찬한다. 아이는 자신을 지켜보는 어머니의 눈빛에서 자신을 향한 칭찬을 읽어내고 그것을 긍정적인 자기 이미지의 소재로 삼는다. 이러한 일련의 '지켜봄(와칭)'에는 시간과 마음의 여유가 필요하다. 여유가 없는 어머니는 초조해져 아이를 안아 일으키고는 혼을 낸다. 이런 경험이 반복되면 아이는 자신이 가진 능력을 자각하는 힘을 잃고 어머니에 대한 의존심을 키운다.

어덜트 칠드런 역시 마찬가지다. 힘을 되찾는 것은 스스로 해야 할 일이지만 불필요한 행동을 하지 않고 그 힘을 자각하도록 이끌어주는 친구가 필요하다. 나를 믿어주는 친구란 성장기에 받지 못한 부모의 사랑을 대신할 정도로, 어릴 때 받은 깊은 상처를 치유해줄 정도로 큰 힘을 가진 존재이다.

## 35

**보통의 어른은**
**마음대로 하게 내버려 두면**
**어떤 형태로든**
**아이를 학대한다고 봐도 무방하다.**

# 엄마도 아이가 싫어질 때가 있다

'아동 학대'란 옛날부터 계속된 어른과 아이의 대립과 갈등을 표현하는 말이다. 어머니가 아이를 학대했다는 뉴스가 보도되면 세상이 떠들썩해지지만 아이를 학대하는 사람이 과연 어머니뿐일까. 아버지, 손위 형제, 조부모, 삼촌, 숙모, 그 외의 친척뿐 아니라 생판 모르는 사람도 아이를 학대한다. 베이비시터나 보육 교사가 아이에게 학대를 가하는 경우도 우리는 꽤 자주 목격한다.

얼마 전에는 효고현 고베시에 위치한 한 중학교의 교사가 유도부원에게 반복적으로 체벌을 가했고, 이에 반발한 몇몇 남학생이 등교를 거부한 사건이 있었다. 이 교사는 1년 동안 학생 일곱 명의 머리와 손바닥을 때리는 체벌을 10여 회 반복했고, "상처를 내지 않을 정도의 체벌은 허용된다고 생각했다"는 취지로 시교육위원회에 경위를 설명했다.

이 사례를 보면 알 수 있듯이 보통의 어른은 스스로 자각하지 못한 채, 그것이 학대인지도 깨닫지 못한 채 정서적으로든 신체적으로든 아이를 학대하는 경우가 아주 많다. 상황이 이러함에도 어머니가 가한 학대를 유독 요란하게 다루는 이유는 단지 여자로 태어났다는 이유로, 여성이라면 누구나 모성 본능을 가졌고, 아이를 갖고 싶어 하며, 아이를 위해서라면 무엇이든 할 수 있다는 신앙이 버젓이 통용되기 때문이다.

물론 아직도 주 양육자가 어머니인 경우가 많고, 주 양육자가 아이를 성가셔하거나 매정하게 대하며 분노와 증오의 감정을 표출하면 아이는 큰 위기감을 느낄 것이다. 하지만 어머니가 갖는 이런 감정은 매우 자연스러운 것이다. 인간은 누구나 힘이 들면 짜증이 나고 화를 내기 마련이다. 그런데도 왜 유독 어머니만 어떤 상황에서도 화를 내지 않는 신과 같은 존재가 되어야 하는 걸까?

보통의 어머니는 자신의 역할을 누구보다 잘 알고 있기 때문에 육아라는 일이 맡겨지면 쉽게 나 몰라라 하지 못한다. 아이가 정말 미울 때라도 귀엽고 사랑스러웠던 순간을 떠올리며, 자신보다 약한 존재를 세상의 풍파에서 지켜내려 한다.

이것이 바로 보통의 어머니의 모습이며, 아이를 키우면서 때때로 아이에게 화를 내고 아이를 미워하기도 하는 것 또한 보통의 어머니의 모습이다.

아무리 사랑하는 연인, 부모, 친구일지라도 못마땅하고 밉고 짜증 나는 순간이 있을진대 유독 어머니와 자녀 사이에서만 부정적인 감정을 용납하지 못하는 우리 사회가 나는 더욱 비정상적이고 비뚤어져 보인다.

아이에게 화를 낸 세상의 모든 어머니들이여, 그러니 '나는 나쁜 엄마야, 나는 엄마가 될 자격도 없어'라고 생각하며 자책하지 말자. 당신은 어머니이지만 다른 사람과 다를 바 없는 또 한 명의 인간일 뿐이다.

## 36

# 가족은 남자가 여자를 때려도 어른이 아이를 학대해도 허용되는 일종의 무법지대이자 위험지대다.

# 가족이 지옥이 되는 순간

자유롭고 진취적이라는 이미지를 가진 미국이 실제로는 '자상하고 강한 아버지'와 '성스러운 모성애'를 중심으로 한, 가족을 강조하는 국가라는 사실은 이미 널리 알려져 있다. 다시 말해 어머니와 아버지가 존재하며 이 둘이 아이들을 지켜주는 안전한 가족을 강조한다.

여기서 조심해야 할 점은, 이 같은 안전한 가족의 이미지가 남용되면서 마치 옛날부터 정말 그러했고, 그러한 모습이 자연스러운 것처럼 생각된다는 점이다. '인간이라면 모두 저절로 이런 안전한 가족을 만들게 되어 있다. 그것은 자연스러운 모습이다'라는 사고가 굳게 자리 잡으면 현실의 가족 모습을 외면하게 된다.

안전한 가족이라는 환상은 나와 '나보다 불쌍한 아이들'을 비교해 강조하는 기능을 갖는다. '나는 저 아이들보다 행복해 다행

이야'라는 생각은 자신이 속한 가족 집단 그리고 그 연장에 선 사회 집단을 유지해야 한다는 다짐을 강화한다. 동성 커플이나 사실혼 같은 새로운 가족의 형태를 부정하고, 오랫동안 끊임없이 이어져온 가족제도를 유지하려 한다. 이런 완고한 틀을 형성해 자신을 그 안에 가둬버린다.

이것은 비단 미국만의 이야기가 아니다. 우리 사회 역시 이 틀 안에서 벗어나지 않는다. 우리 사회에서도 반드시 지켜야 하는 따뜻한 가족은 아버지와 어머니, 그들과 혈육으로 맺어진 아이들로 구성된 '전통적인 가족'밖에 없는 것처럼 보인다. 부부 세 쌍 중 한 쌍이 이혼한다는 오늘날에도 아버지가 빠진 채 홀로 아이를 키우는 어머니를 음으로 양으로 혹독한 상황에 내몬다. 한 부모 가정 중에서도 특히 빈곤한 모자 가정의 경제문제, 노동문제, 가난의 대물림 같은 사회문제가 두드러지는 이유도 이처럼 전통적인 가족만을 중시하는 보수적인 사고와 무관하지 않다.

가족을 중시하자는 주장은 잘못되지 않았지만, 그 주장이 전통적인 가족의 범주에 들어가지 않아 '비정상' 취급을 당하는 가족에게 고통을 강요하고, 그들을 배제하는 데 힘을 실어줘서는 안 된다.

또한 자상하고 강한 아버지와 성스러운 모성애를 토대로 한 안전한 가족이 강조되는 한편에는 무법지대 같은 측면도 있음을 인식해야 한다. 외부와 격리되어 그 안에서 무슨 일이 벌어지고 있는지 알기 어려운 가족이란 세계에서 폭군처럼 힘을 휘두르는 자의 불합리한 폭력에 시달리다 못한 사람들이 우리 진료실을 자주 찾아온다.

가정 폭력으로 아이가 사망에 이르거나, 궁지에 몰린 피해자가 가해자를 살해한 사건이 대대적으로 보도되기도 하지만 가족 내 폭력은 대부분 양지로 나오는 일이 드물다. 가족이라는 폐쇄된 공간은 그 안에서 남자가 여자를 때려도, 어른이 아이를 학대해도, 돈을 버는 사람이 살림하는 사람을 모욕해도 비난받지 않는 일종의 무법지대이자 위험지대다.

가족이 따뜻하고 안전하게 자신을 지켜줄 것이라고 무조건 믿을 게 아니라 가족의 양면성, 즉 선과 악, 음과 양, 장단점을 철저히 파악해야 한다. 적어도 어두운 면을 아예 감춘 '안전한 가족'의 이미지는 현실과 동떨어진 신앙 또는 환상임을 인지하고 있어야만 한다.

37

**아이는 어릴수록 세상이**
**자신을 중심으로 돌아간다고 생각한다.**
**이런 사고는 '회사를 지탱하는 건 나니까**
**내가 없으면 회사는 망한다'라고 생각하며**
**회사에 온몸을 바치는 직장인의 모습과 흡사하다.**

## 내가 없으면 안 된다는 착각

우리 사회에서 건전하다고 일컫는 가정에서 자란 남성은 대부분 모자 일체 나르시시즘에서 벗어나지 못한 채 살아간다. '어머니의 착한 아들'들이 건강하게 자립하려면 사춘기에 들어섰을 때 어머니를 향해 있던 상징적 페니스인 팔루스phallus를 단념하는 아픔을 겪으며 자신의 남근을 키우는 작업에 들어가야 한다. 하지만 저출산 시대에는, 성인이 되어서도 어머니와 아들이 끈끈한 의존 관계를 맺고 있는 시대에는 이 과정이 제대로 진행되지 않는다.

결과적으로 남자들은 아이 상태에 머문 채 표면적으로는 남자다움을 추구하는 무리한 인생을 걷게 된다. 세상에서 말하는 남자다움의 기준에 따라 근육을 단련하고 지성과 성적인 능력으로 자신을 무장한다. 브랜드 제품, 고급 자동차, 높은 학력 같은 '남자다움'의 상징을 갖추려 하지만 여기에는 한계가 있다. 왜냐하면 그 바탕에는 타인, 특히 이성이 인정해줄지 어떨지 모른다는 불안감이 끊임없이 뒤따르기 때문이다. 이런 노력과 불안이 너무 힘들고 괴로워서 '은둔형 외톨이'를 자처하는 사람도 있다.

이러한 남자들을 구제해주는 곳이 바로 직장이다. 별 탈 없이 훌륭한 직장에 들어간 사람은 실제 어머니에게 의존할 수 없을 때 직장이라는 둥지에 잠입해 정년퇴직까지 '내가 없으면 일이 돌아가지 않는다, 회사가 망한다'라는 환상을 품고 살아간다.

일에 중독되는 사람이나 과로사하는 사람들은 이런 타입이지, 스스로 설정한 목표를 향해 타인을 밀쳐내고 거침없이 돌진하는 패기로운 영웅주의자가 아니다. 오히려 상사에게 순종하고 동료를 배려하고 업무상 실수로 폐를 끼치는 걸 무엇보다 두려워하는, 지나치게 성실한 사람이 많다. 이런 사람이 남보다 일찍 귀가하지도 못하고, 가족의 기대를 저버리지 않으려고 열심히 일한 끝에 쓰러지는 것이 과로사다. 업무적인 면에서 타인과 경쟁해 이긴다는 쾌감보다 직장의 온기와 안도감에서 이탈된다는 두려움이 커 숨이 턱에 찰 때까지 달리다가 쓰러지고 마는 것이다.

피곤에 절어 돌아온 남편을 따뜻하게 맞이해주고 잠시나마 쉬게 한 뒤 다음 날 회사로 보내는 아내 역시 세상이 기대하는 아내의 역할에서 벗어나지 않으려는 공포와 불안 속에서 그리 달갑지 않은 아내 역할을 연기한다.

남편이 계속 과로하는 가장을 연기하는 한, 아내가 헌신적인 아내, 돌봐주는 어머니의 대역을 연기하는 한 두 사람은 공의존이라는 이름의 중독과도 같은 인간관계에서 벗어나기 어렵다.

내가 없어도 회사는, 세상은 잘만 돌아간다. 내가 돌봐주지 않아도 그 사람은 잘만 살아간다. 내가 없으면 안 된다는, 자기중심적인 생각에서 벗어나자. 그래야 지금부터라도 어딘가의 부속품, 누군가의 수족에 만족하는 삶이 아닌, 내 욕망이 중심인 진정한 성인의 삶을 살아갈 수 있을 것이다.

38

나이를 먹는다고
저절로 어른이 되는 것은 아니다.
어른이 힘든 이유는,
나이 먹는 걸 두려워해야 하는 이유는
그만큼 책임져야 할 일이 많아지기 때문이다.
언제까지나
어리광을 부리고 있을 수 없기 때문이다.

## 책임지지 않으려는 어른들

지나칠 정도로 직장에 적응한 엘리트는 자신과 직장을 일체화해 직장의 논리를 자신의 논리인 양 여기고 거기에 몰입하는 경향이 있다. 자신만의 개성을 없애고 직장과 상사의 의중을 헤아려 개인적인 욕망보다 직장을 우선해 일하지만 정작 본인은 자신이 중심이 되어 직장을 움직이고 있다고 착각한다.

이 모습은 혼자선 아무것도 할 수 없고 자신과 타인의 경계가 모호한 유아가 울면 젖을 물려주고 엉덩이가 축축해지면 알아서 척척 기저귀를 갈아주는 양육자의 돌봄을 받으면서 품게 되는 세계관과 비슷하다. 유아의 생사여탈권은 부모가 쥐고 있지만 자신이 그 환경을 뜻대로 움직이고 있다고 생각하는 것이다.

직장인은 이런 자기애적 세계에 쉽게 적응하고, 이런 세계에서 유아적인 언어와 논리가 이른바 '어른의 사고법'으로 통용된다는 것이 우리 사회가 가진 진짜 문제이다.

이 세계에 익숙해지면 업무 이외의 개인적인 일은 모두 무시된다. 여기엔 남편과 아버지로서 가족 구성원의 정서적 안정에 이바지하는 역할도 포함된다. 우리 사회에서는 일하는 직업인으로서의 역할을 주장하면 가정 내의 책무를 방임할 수 있다. "그건 옛날이야기 아닌가요?"라고 반문하는 사람도 있겠지만, 치열한 입시 경쟁에 내몰린 어린 시절부터 공부만 잘하면 그 외의 책무는 일체 면제되는 것이 지금의 현실 아니던가? 어른이 되면서부터는 공부가 일로 바뀔 뿐이다.

어둠이 내리면 시작되는 주류 산업을 지탱하는 소비자는 주로 이런 중년 남성이다. 그들은 서로의 나르시시즘을 존중하는 술친구를 만들고 그들과 친분을 유지하는 데 열을 올린다. 룸살롱이라고 불리는 술집은 그런 일중독자들의 유아성을 부추기는 데 탁월한 역할을 한다. 낮에는 회사라는 조직 안에서 안정감을 얻고, 밤에는 술친구들에게서 혹은 술집 여성들에게서 마음의 위안을 얻는 이런 사이클을 '유아 회귀'라 부르며 이것이 일상화한 상태를 '알코올의존증'으로 볼 수 있다.

직장에서는 기업이라는 유사 가정 안에서 착한 아이로 지내고, 날이 저물면 룸살롱에서 유아처럼 응석을 부리고, 집에서는 어머니나 아내의 보살핌을 받으며 성숙한 남자로서 개인적인 일을 맡아 처리할 여지를 잃고 만다. 개인이 책임져야 할 수많은 책무 중에서 하나만 골라 하면서 자신이 모든 일을 다 하고 있다고 착각하는 어른, 나만 힘들다고 투정 부리는 어른이 지금 우리 사회를 지탱하고 있는 어른들의 모습이 아닌지 돌아봐야 할 것이다.

나이를 먹는다고 저절로 어른이 되는 것은 아니다. 어른이 힘든 이유는, 나이 먹는 걸 두려워해야 하는 이유는 그만큼 책임져야 할 일이 많아지기 때문임을 잊지 말자.

# 5장 : 아무도 내 마음을 몰라준다고 느낄 때

39

고독을 정면으로 마주하면
나의 본모습을, 진짜 욕망을 발견할 수 있다.
정신없는 일상 속에 파묻혀 침묵하고 있던
'나' 자신이 비로소 자기주장을 펼칠 것이다.
고독은 진짜 나의 또 다른 얼굴이다.

## 혼자 있는 시간을 즐기는 법

자고 싶고, 먹고 싶고, 화장실에 가고 싶은 생리적 욕구가 채워졌을 때 비로소 고개를 내미는 것이 바로 정신적인 욕구다. 생리적 욕구가 채워지고 안정된 '삶'이 보장되면 무료함이란 감정이 고개를 든다. 그리고 이런 상황이 되었을 때 비로소 수준 높은 정신 활동이 이루어진다. 즉 진정한 정신 활동은 여유 없이는 이루어지기 어렵다.

오늘날 우리는 자원이 풍족한 사회에서 살아가고 있다. 세계적으로 보면 내전 혹은 국가 간의 전쟁으로 고통받는 곳이 있지만, 대부분의 나라에선 전쟁의 위협이 사라진 지 오래다. 즉 '죽느냐 사느냐' 목숨을 위협받는 위태로운 삶이 아닌, 어느 정도 안정된 삶을 살아갈 수 있다. 이런 안정감과 여유를 생산적이고 창조적인 활동에 사용하는 사람도 있으나 많은 사람이 외로움과 무료함 앞에 무릎을 꿇고 만다.

외로움과 무료함을 받아들이지 못하고 두려워 피하려고만 하면 롤러코스터처럼 짜릿한 자극을 찾는 방향으로 향하게 된다. 피하면 피할수록 '~하지 않으면 안 된다'는 고양감을 찾는 중독의 덫에 빠져든다.

무엇 하나 부족해 보이지 않는 재벌가 자녀들이나 연예인이 약물에 손을 댔다는 뉴스를 종종 접하는데 그들이 바로 이런 경우에 속한다. 열심히 노력해 무언가를 이뤄야 한다는 목적도, 의미도 찾을 수 없고 자신의 마음을 진심으로 이해해주는 사람 하나 없이 세상에 홀로 남겨졌다는 외로움에 압도당하고 만 것이다.

외로움을 떨치기 위해 별로 좋아하지도 않는 사람을 만나 시간을 때운다거나 술을 마시거나 쇼핑하는 데 에너지를 소비하는 대신 홀로 있는 시간을 정면으로 마주해보는 건 어떨까. 물론 외로움과 무료함이 심각한 중독이나 우울증으로 나아갔다면 먼저 전문가의 도움을 받아야겠지만 그렇지 않다면, 단순히 외로움이, 무료함이 싫을 뿐이라면 그 시간을 즐거움으로 채울 수 있는 나만의 취미를 개발해보는 것이다.

혼자 있는 시간이 생기기 무섭게 새로운 스케줄을 채워 넣는 것이 아니라 고독을 정면으로 마주하면 비로소 나의 본모습을, 나의 진짜 욕망을 발견할 수 있다. 정신없는 일상 속에 파묻혀 침묵하고 있던 '나' 자신이 비로소 자기주장을 펼칠 것이다. 고독을 나 자신에게 선물한다면 잊고 있던 나와 마주할 수 있을 것이다. 고독은, 외로움은 진짜 나의 또 다른 얼굴이다.

## 40

**자신의 진짜 욕망을 깨닫지 못한다면,
욕망을 깨달았더라도 채울 수 없다면,
충실한 인생을 살아가기 어렵다.
쾌락만 추구하는 사람은 위험하지만
모든 걸 포기하지 않았다는 점에서
아직은 희망을 발견할 수 있다.**

# 가장 폭력적인 커뮤니케이션

무언가에 취해 탐닉하면 그 순간만큼은 쾌락에 빠져 허무함을 떨칠 수 있다. 요즘 세상에는 게임, 인터넷, SNS, 주식처럼 쾌락을 주는 것들이 차고도 넘친다. 이런 것들은 약물처럼 불법적인 것도 아니고, 몸을 망가뜨리지도 않는 데다 누구나 할 수 있는 일이라 많은 사람이 서서히 빠져들고 있다.

하지만 탐닉에서 벗어나 일상으로 돌아오면 쾌락이 깊었던 만큼 허무함도 커진다. 몇 번을 반복해도 마찬가지다. 진짜 욕망은 그 욕망을 향해 나아가는 과정에서 다양한 경험을 쌓고 그것을 나만의 능력으로 만들지만 쾌락은 스치고 지나가는 감정이라 아무것도 남지 않는다.

허무함이나 허무함을 부추기는 무료함, 나른함, 무기력함 등은 당면한 과제가 없을 때 나타나는 감정이다. 허무함을 이겨내고 충실한 인생을 보내는 방법은 의외로 간단하다. 임의로 적을 만들거나 스스로에게 과제를 던져주고 그것을 이루기 위해 노력해나가면 된다.

'막다름'의 최종 형태는 자살이다. 몸부림치지도 않고 '이제 더는 어쩔 수 없다'는 생각에 사로잡혀 스스로 죽음을 선택한다. 자신의 진짜 욕망에 대해 이러쿵저러쿵 잔소리하는 부모 혹은 세상에 짓눌린 채 사회에서 요구하는 역할을 연기하면서 진짜 자신의 영혼은 살아갈 수 없다고 생각한다. 삶의 의지도 의욕도 낼 수 없는 상태인 것이다.

자살하는 사람은 자살을 '자신의 기분을 전하는 강렬한 메시지'로 생각한다. 왜 화가 났는지, 누구를 미워하고 누구를 원망하는지 사실은 언어로, 행동으로 전할 수 있음에도 자살이라는 가장 슬픈 형태로 표현한다. 그것은 상호 교류가 아닌 일방적인 메시지 전달법이다. 커뮤니케이션의 파괴이자 일종의 폭력이다.

감당할 수 없는 사건이 생겼을 때, 감당할 수 없는 고통이 찾아올 때 사람들은 자살을 생각한다. 중독이든 폭력이든 문제가 생겨 나를 찾아오는 수많은 환자를 보며 나는 생각한다. 이들처럼 무언가에 의지해서라도 삶을 포기하고 싶어지는 그 순간을 넘길 수 있다면 괜찮은 것 아니겠냐고. 아직까지는 막다른 곳에 다다르지 않은 이들이, 막다른 곳으로 향하던 발걸음을 돌려 나를 찾아온 게 참으로 다행이지 않느냐고. 그래서 나는 나를 찾아온 환자들에게 고마움을 느끼며 그들의 손을 꽉 잡아준다. 그리고 앞으로 그들이 무언가에 의지하지 않고도 건강하게 살아갈 수 있도록 매 순간 최선을 다해 돕고자 한다.

## 41

**'혼자 있을 수 없는 사람'은**
**상대를 지배하지 않으면 불안해한다.**
**'혼자 있을 수 있는 사람'은**
**무언가에 의존하지 않고도 살아갈 수 있다.**
**따라서 상대를 속박할 필요가 없다.**
**나를 사랑하라고 강요할 필요도 없다.**

# 외로움을 즐기는 사람들의 특징

영국의 소아과 의사이자 정신분석학자인 도널드 위니콧은 사람이 살아가는 데 꼭 필요한 능력 중 하나로 "혼자 있을 수 있는 능력"을 꼽았다. 혼자 있을 수 있는 능력은 어릴 적 어머니의 품 안에서 생겨난다.

어머니의 살뜰한 보살핌 속에서 사랑을 듬뿍 받으며 자란 아이는 안정감을 느끼면서 어머니의 품에서 서서히 떨어져 나간다. 품에서 무릎 위로, 무릎 위에서 방 안으로, 집 안에서 집 밖으로 멀어지며 혼자 머물 수 있는 범위를 넓혀간다. 이렇게 어머니와 떨어져 있을 수 있는 아이는 언제든 어머니가 보살펴줄 것이라 믿으며 몸은 떨어져 있더라도 마음은 늘 어머니와 함께 있다고 확신한다. 이런 안정감이 있기에 아이는 혼자 멀리까지 나갈 수 있다. 어릴 때 마음껏 어리광을 피운 아이는 부모와 떨어져도 별 어려움 없이 신속하게 자립한다.

반대로 이런 확신을 갖지 못한 아이는 혼자 있는 게 너무 불안해서 무언가에 의존하지 않고는 살아갈 수 없다. 무언가에 의존하더라도 끊임없이 외로워한다. 누군가를 위해, 무언가를 위해 자신을 희생하거나 자신을 사랑하라고 강요하거나 상대방을 속박하여 결과적으로 사람들과 친밀한 인간관계를 맺지 못한다. 외로워서 붙잡지만 더욱 외로워지는 악순환에 빠지고 마는 것이다.

혼자 있을 수 있다는 것은 절대 혼자 집에 은둔하거나 타인을 거부하며 살아간다는 말이 아니다. 사람이 앞에 있어도 혼자 있음을 즐길 수 있는 상태이다. 어머니의 곁에서 안정감을 느끼는 유아가 어머니의 존재를 잊고 놀이에 몰두해 있을 때, 이 유아는 "혼자 있을 수 있다"고 말한다. 애인 없이는 살 수 없는 사람은 혼자 있을 수 없는 사람이다.

혼자 있을 수 있는 사람은 때때로 술과 담배를 즐기고, 연애를 하며 타인과의 관계에서 온기를 느끼지만 절대 다른 존재에게 의존하지 않고 그것이 없더라도 살아갈 수 있다. 진정 독립적인 인간이란, 진정 홀로 설 수 있는 인간이란 바로 이런 사람을 가리킨다.

42

마음속에 원망을 품은 사람은
사랑과 믿음을 주고받을 수 있는
소중한 존재를 갖지 못하게 된다.
고슴도치처럼 잔뜩 가시를 세운 채
주변 사람을 비난하고 미워하기 때문이다.

## 사람을 떠나게 만드는 감정들

술이나 약에 빠지면 외로움, 허무함 같은 괴롭고 절박한 감정에서 잠시나마 벗어날 수 있다. 특히 술은 대뇌 작용을 억제해 자기비판을 멈추고 자기긍정감을 높여주므로 외로운 사람에게 제격이다.

취기가 오르면 '나는 나쁘지 않아. 나를 이렇게 만든 사람이 나빠' 혹은 '불쌍한 나. 다들 나만 미워해' 같은 자기연민에 빠지며 모든 걸 자기 중심으로 생각한다. 이렇게 하여 '원망→외로움→알코올 남용'의 연쇄가 시작된다.

알코올의존증 환자들의 삶을 살펴보면 마음이 발달하는 초기에 심한 욕구불만에 놓였던 경우가 많다. 한계를 초월한 욕구불만은 곧 분노가 되고 이 분노는 원망으로 변질된다. 한번 가슴에 자리 잡은 원망은 이후 관계 맺는 사람들을 차례로 원망의 대상으로 삼으며 이는 원만한 인간관계를 맺지 못하도록 가로막는 커다란 장애물이 된다.

인간은 어차피 혼자 살아가는 고독한 존재이기 마련이지만 우리가 절절한 고독감을 어느 정도 견디며 살아갈 수 있는 이유는 있는 그대로의 나를 받아들이고 나와의 만남을 즐거워해주는 사람들이 있기 때문이다. 애정을 주고받는 이런 존재는 늘 붙어 있지 않더라도 존재한다는 그 사실만으로 혼자 있는 시간을 즐길 힘이 되어준다. 하지만 마음이 발달할 시기에 원망을 품은 사람은 사랑과 믿음을 주고받을 수 있는 이런 존재를 마음에 품지 못한다. 인생의 힘이 되어주는 따뜻하고 소중한 존재를 갖지 못하니 외로움은 더 진해지고 고통은 가중된다.

그렇다면 이런 사람들은 어떻게 해야 할까? 주변 사람들과의 관계를 소중히 여기고 그 관계를 오래 유지하기 위해 노력해야 한다. 자신이 겪는 고통을 주변 사람의 탓으로 돌리지 말고 고통의 원인이 무엇인지 끊임없이 질문하며 그 실체를 파악한다. 주변 사람들이 나를 괴롭히는 원인이 아님을 제대로 알게 되면 원망을 버리고 친절한 태도를 보일 수 있다.

그리고 또 다른 방법으로는 큰 조직, 커다란 힘의 한 부분으로서의 자신을 느끼는 것이다. 내가 수많은 사람 중의 한 사람임을 실감하면 기본적인 외로움은 사라진다. 타인과 하나의 자리를 놓고 다투는 처지임을 자각하면 우리는 외로워진다. 하물며 자리 뺏기 경쟁에서 지면 더욱 외로워진다. 이때 원망이 싹트기도 한다. 내가 너와 다르지 않음을, 너와 같은 바운더리 안에 들어와 있음을, 그러므로 하나의 자원을 놓고 싸우는 처지가 아니라 함께 손잡고 걸어갈 수 있는 처지임을 자각한다면 외로움이 어느 정도는 옅어질 것이다.

43

**외로움은 고통스럽기만 한 감정이 아니다.**
**외로움을 느낄 수 있기에**
**우리는 주변 사람의 소중함을,**
**그들이 주는 온기를 깨닫고**
**타인과의 관계를 감사히 여길 수 있다.**
**고독하지 않은 인간은 하나도 없다.**

## 인간은 고독한
## 존재임을 인정하라

'고민은 은총'이라는 말이 있다. 고민이 있고, 그것을 이렇게 저렇게 해결할 방법을 모색하면서 사람은 성장하기 때문이다. 알코올의존증 환자를 위한 자조 모임 AAAlcoholics Anonymous의 창시자 중 한 명인 빌은 알코올의존증에서 빠져나오자마자 우울증을 앓았다. 그 후 20년 가까이 우울증을 앓았는데 그런 그를 구한 것은 항우울제도 심리치료도 아니었다.

성 프란체스코의 통찰이 엿보이는 '고민은 은총'이라는 말을 접한 후 빌은 고독감과 우울함을 받아들일 수 있었다. 그리고 그 무렵부터 빌은 조금씩 차도를 보이며 편안해지기 시작했다. 얼마 후 AA 20주년 기념회를 무사히 치른 다음 날, 아침에 일어나 보니 하늘은 시리도록 푸르고 바람은 부드럽게 뺨을 스쳤다. 외로움, 무력감, 우울감에 휩싸인 자신을 있는 그대로 인정하고, '나처럼 부족하고 비정상적인 인간은 긍정적이고 밝은 사람이 되도록 노력해야 해' 생각하며 스스로 다그치지 않으며, 이런 '나'라는 존재 자체가 은총이라는 사실을 깨닫자 세상이 달리 보이기 시작했던 것이다.

모든 사람은 세상을 살아가면서 마냥 활기차고 밝게만 있을 수 없다. 문명이 발달하면서 허무감을 일시적으로 메워주는 것들을 쉽게 손에 넣을 수 있게 된 오늘, 우리는 잠깐의 쾌락에 매달려 외로움을, 외로움이 안겨주는 고통을 부정하려 한다. 고민이나 우울함은 어떻게든 피하려 하고 그런 일은 절대 있어선 안 되는 것처럼 배제하려 한다. 그래서 눈앞에 보이는 일과 명예, 돈을 추구하거나 게임, SNS 등에 빠져든다.

인간이라면 약간의 우울함과 적절한 외로움을 안고 살아가는 것이 좋다. 이런 감정들이 있기 때문에 일상에서 만나는 보통의 사람들이 무엇과도 바꿀 수 없는 온기를 준다는 사실을, 주변 사람들의 소중함을 깨달을 수 있고, 길가에 싹튼 풀 한 포기에서도 기적을 느낄 수 있는 것이다. 우울함과 외로움을 떨쳐내려고만 하면 누군가에게 의존하든지 아니면 자기 자신을 버린 채 살 수밖에 없다. 결과적으로 이런 사람들은 조직의 시스템을 유지하기 위해 자신을 이용하려는 누군가에게 점령당한 채 살게 된다.

가족이라는 가장 친근한 타인도 마찬가지다. 마음 놓고 속을 터놓을 수 있는 가족이 존재한다는 것은 혜택받은 일이지만, 그 온기에 집착해 자신을 희생하며 '든든한 아버지, 상냥한 어머니' 역할에 빠져버릴 수도 있다.

어차피 사람은 혼자 살다가 혼자 죽는다. 가족 안에 있어도 사람들에게 둘러싸여도 외로운 것이 사람이다. 아니 사람들에게 둘러싸여 있을 때 더 진한 외로움을 느낀다. 누구 하나 외롭지 않은 사람은 없음을, 외로움에서 벗어나기 위해 아무리 발버둥 쳐봐야 벗어날 수 없음을 깨닫고 받아들이는 연습을 하자. 있는 그대로의 자신을 인정하고 받아들임으로써 세상을 달리 보게 된 빌의 경우처럼 '받아들임'은 새로운 세상을 열어줄 것이다.

## 44

**'화목한 가족'이라는 이상이**
**우리를 병들게 한다.**
**화목한 가족을 연기하기 위해**
**자신의 진짜 욕망, 진짜 상처는**
**꼭꼭 숨겨두고**
**숨겨둔 이 마음은 안에서 서서히 곪아간다.**

## 화목한 가족을 연기하기 위해 우리가 희생하는 것들

오늘날의 가족이 안고 있는 많은 문제 가운데 지역사회 붕괴와 견줄 만한 것으로는 가족 내 소통의 부재를 들 수 있다.

학교에서 따돌림당하는 아이도, 가출과 비행을 일삼는 아이도, 원조교제를 하는 아이도 그 사실을 부모만은 절대 모르길 바란다. 자신 때문에 '화목한 가족'이라는 이미지가 깨지는 걸 원치 않는 것이다. 모든 가족이 각자 '아내와 아이에게는 말할 수 없는 비밀', '남편과 아이에게만은 절대 알리고 싶지 않은 비밀', '부모에게만은 들키고 싶지 않은 비밀'을 안고 소통의 부재 속에서 평온하고 화목한 가족을 연기한다.

일본에서는 최근 몇 년 새 10대 소녀들이 자신의 나체를 촬영해 타인에게 보내는 '셀프 사진', SNS 등을 통해 만난 사람과 쇼핑이나 식사를 하고 돈을 받는 '렌털 애인'이 늘어나면서 윤리관 저

하가 문제로 대두되었다.

하지만 아이들이 이런 행동을 하는 배경에는 누군가에게 인정받고 싶어 하는 승인 욕구와 외로움이 감춰져 있는 경우가 많다. 원조교제를 통해 알게 된 유사 아빠가 진짜 아빠를 대신해 소녀의 이야기를 진지하게 귀담아 들어주는 일이 드물지 않다. 아이의 눈에 집에 있는 진짜 아빠는 무관심한 아빠, 아이의 존재를 성가셔하는 아빠로 보일 것이다.

달리 말하면 아이는 부모가 바라는 착한 아이를 로봇처럼 연기하면서 자기가 어떻게 되든 아무도 슬퍼하지 않을 거라고 생각한다. 이런 어리석은 생각은 분노로 이어지고 이 분노가 행동으로 표출되었을 때 부모를 향한 복수의 의미를 띤다. 몸을 팔아 외로움을 물욕으로 슬쩍 바꿔치기 하는 소녀들의 마음 한편에선 이 일이 발각되어 부모가 상처받는 모습을 봤으면 좋겠다는 심리가 작용하고 있다.

단호하게 거절할 용기도, 도와달라고 말할 용기도 없다. 자신만의 세상에 갇힌 채 몇몇 친구하고만 교류할 뿐, 진짜 욕구를 채울 방법을 찾지 못해 화가 나고 불만이 쌓이지만 이 감정을 타인에게 쏟아내자니 겁이 난다. 그래서 만만한 자신, 가족, 친구를 괴롭히는 데 빠진 것이 평균적인 우리의 모습이 되고 말았다.

하지만 아직도 희망은 있다. '표현하는 아이'와 '가족의 개성

화'는 자상함이라는 벽에 갇힌 가족의 결함을 채워주기 위한 시도로서 의미가 있다. 아이가 진짜 속마음을 말할 수 있도록, 우회적으로라도 표현할 수 있도록 환경을 만들어주는 것, 그래서 표현하는 아이가 많아지도록 하는 것이 우리 어른의 역할이다. 더불어 엄마, 아빠, 아이로 이루어진 일반적인 가족이 아닌, 다양한 형태의 대안 가족을 비난하거나 거부하지 않고 긍정적으로 받아들임으로써 더 많은 사람이 자신을 이해해주는 영혼의 가족과 함께 살 수 있도록 편견을 깨는 일 또한 해나갈 필요가 있다.

## 45

스트레스를 느낄 때야말로 인간은
자신이 살아 있는 존재임을 깨닫는다.
무언가를 "하면 안 된다"는 말을 들었을 때,
나쁜 행동인 줄 알면서 물건을 훔쳤을 때
자신을 훨씬 더 잘 느끼는 것이다.
그렇게라도 하지 않으면
자신을 인식하지 못할 만큼
'나'를 잃어버린 것이다.

## 내 존재를 확인하기 위한 행동들

우리가 흔히 문제 행동이라 부르는 것은 자기 자신을 확인하는 하나의 방법이다. 모두 한번 생각해보자. 나는 어떤 때 내 존재를 확인하는가.

안락한 깃털 이불에 싸여 있을 때는 자신을 인식할 필요가 없다. 서서 걸을 때는 중력이 작용해 걷고 있는 사람이 자신임을, 내가 살아서 걷고 있음을 느끼지만 이 역시 익숙해지면 별 감흥을 일으키지 않는다. 달리고 있을 땐 바람을 가른다는 느낌, 거칠어진 호흡, 뻐근해지는 가슴과 다리 등을 통해 자신의 존재를 더욱 잘 느낄 수 있다.

하지만 이렇게 존재를 확인할 땐 스트레스가 가해진다. 자는 것보다는 서 있는 게 스트레스이고, 서 있는 것보다는 걷는 게, 걷는 것보다는 전속력으로 달리는 게 스트레스가 크다.

스트레스를 느낄 때야말로 인간은 자신의 존재를 인지한다. 따라서 무언가를 "하면 안 된다"라는 말을 들었을 때 자신을 훨씬 잘 느낀다. 나쁜 행동인 줄 알면서 물건을 훔쳤을 때 더 강렬하게 자신의 존재를 느끼는 것이다. 해서는 안 된다는 규칙을 어긴 자신을 깨닫는다.

그렇게라도 하지 않으면 자신을 인식하지 못할 만큼 '나'를 잃어버린 것이다. 자신을 확인할 수 없게 되었다. 달리 말하면 그만큼 자기도취에 빠져 있다고도 볼 수 있다. 남의 물건을 훔치는 사람은 선명하고 굵은 선으로 '나'라는 존재를 강조하고 싶어 한다. 따라서 도벽이라 불리는 병은 자신을 확인하려는 병이다.

섭식장애도 이와 다르지 않다. 일부러 먹고 토하는 행위는 보통 해선 안 되는 것이고, '그것을 하는 나'는 바람을 가르며 달리는 것과 비슷하게 자신의 존재를 느낄 수 있다. 그러나 그 느낌은 찰나에 지나지 않는지라 먹고 토하기를 계속 반복하는 것이다.

멈추면 공허하고 자신의 존재가 사라질 것 같아 미칠 듯이 괴롭다. 그중에는 과식, 구토, 쇼핑중독 같은 문제 행동조차 보이지 않았던 사람이 갑자기 공허함과 허무함을 느껴 나를 찾아오기도 한다.

이런 마음의 병을 얻기 쉬운 사람은 대부분 나르시시스트에 가깝다. 그들은 사람들이 자신만 주목하고 있다고 생각하며 타인에게 그다지 관심을 기울이지 않는다. 아무도 그 사람만 쳐다보고 있지 않음에도 외출이라도 한번 하려면 안절부절못하며 머리를 싸맨다. 살을 쫙 빼고 완벽한 모습을 만든 뒤에야 나갈 수 있다고 믿는다. 하지만 아무도 당신에게 그 정도로 관심을 기울이지 않는다.

나를 사랑하는 것은 좋다. 하지만 그 사랑이 비뚤어져서 '완벽한 사람이 되어야 사랑받을 수 있다, 모두에게 주목받는 나는 완벽해야 한다'는 왜곡된 믿음을 심어주면 그때부터 마음이 괴로워지기 시작한다.

'나'를 확인하는 방법, 사람들에게 '나'라는 존재를 각인시키는 방법은 물건을 훔치거나 음식을 먹고 토하는 것 외에도 많다. 사람들이 자신의 존재를 확인할 새로운 방법을 찾도록 길을 열어주는 것이 우리 같은 의사가 해야 하는 일이다.

## 46

섭식장애를 가진 사람이
무언가를 치료받아야 한다면
그것은 과식이나 거식이 아닌
극단적으로 낮은 자기평가다.
그것을 초래한 일그러진 세계관이다.
일그러진 세계관은 세상을
'승패로 점철된 도박장'으로 파악해
이기지 않으면 생존할 수 없다고 믿는다.
승리를 향한 집착은
모든 사람을 파멸로 이끈다.

## 시장의 상품 가치로만 평가받을 때

섭식장애라 불리는 마음의 병은 1960년대 미국에서 생겨났다. 마른 몸을 가진 모델 트위기가 미니스커트를 입고 한 시대를 풍미하던 무렵이었다. 1970년대에 들어서 이 병은 영국, 프랑스, 독일 등지의 젊은 여성 사이에 널리 퍼져나갔다. 일본에서는 1980년대 들어서면서 섭식장애가 눈에 띄게 늘어났다. 필요 이상으로 많이 먹는 과식증 또는 음식을 일절 거부하는 거식증 등으로 많이 알려져 있다.

세계적으로 봐도 섭식장애를 앓고 있는 사람은 대부분 여성이다. 여성이 스타일과 몸매에 그토록 집착하는 이유는 그것이 여성들의 존재를 건 승부이기 때문이다. 상품경제 체제에 잠식당한 현대인은 자신을 시장의 상품 가치로 측정하게 되었는데, 여성 역시 남성의 논리와 시선으로 자신의 신체를 우량품이냐 불량품이냐 가치 매기게 된 것이다.

현대사회를 살아가는 여성이라면 당연히 날씬해지려 한다. 날씬해지기 위해 음식을 먹지 않고, 식욕을 참고 참다 결국엔 과식을 하는 악순환을 반복한다. 음식을 먹고도 날씬해지려면 일단 먹은 것을 토해내거나 설사약을 복용해 배설하는 방법밖에 없다. 이 모든 행위는 인간을 시장의 상품으로 여기는 시장경제 체제 속에서 살아남기 위해 여성들이 보이는 처절한 몸부림이다.

타인의 눈에 어떻게 비치든 자신의 가치를 인정하고, 진심으로 자신을 사랑하며 이 세상은 살아갈 만하다고 생각하게 되면 여성들은 먹고 토하는 행위를 멈춘다.

이처럼 '아무것도 아닌 자신'을 받아들이는 것은 승부에 집착하는 파워 게임의 무의미함을 깨닫고 철저히 패배를 자각하는 것이기도 하다. 혹은 그 파워 게임에 더는 참여하지 않겠다는 기권 선언이기도 하다. 승자가 되겠다는 목표에 너무 집착하다 보니 숨이 턱턱 막히고 한시도 긴장을 놓을 수 없으며 공허함을 메워줄 대상을 끊임없이 찾아다니게 된다. 이로 인해 돌이킬 수 없는 결과를 초래하기도 한다.

스스로 패자임을 인정할 때 우리는 비로소 승패에 얽매이지 않는, 섭식장애를 떨쳐낸 다른 삶의 방식을 발견할 수 있다. 이런 가치의 재발견은 마른 몸매에 집착하는 여성을 구원할 뿐 아니라,

지면 안 된다는 강박에 사로잡힌 남성도 치유해준다.

어떻게 해도 불안을 떨쳐낼 수 없다면, 냉혹한 승부의 링에서 쉽게 내려올 수 없다면 이런 방법을 사용해보는 건 어떨까? 내가 상상할 수 있는 최악의 경우를 떠올려보는 것이다. 살을 빼지 않으면, 파워 게임에서 지면 세상이 무너질까? 아무에게도 사랑받지 못할까? 불량품이라고 온 세상이 손가락질할까? 장담하건대 이런 일은 일어나지 않는다. 걱정과 근심이 내 마음이 만들어낸 근거 없는 불안일 뿐임을 깨닫는다면, 나는 돈으로 가치 매길 수 없는 유일무이한 존재임을 믿는다면 불안과 공포 속에서 탈출할 수 있다.

## 47

과음하는 남성은 만취하면
대부분 호기롭게, 공격적으로 변한다.
스스로 남자다움이 부족하다고 생각할 경우
그 정도가 더 심해진다.
자신이 약하다는 사실을 감추려고
술기운을 빌려 더 강한 척하는 것이다.

# 남자다움을 충전하는 방법

당신도 경험으로 잘 알고 있겠지만, 술은 사람을 호기롭게 만든다. 해가 진 저녁 번화가에 나가보면 술을 마시고 거들먹거리는 남성을 쉽게 발견할 수 있다. 술에 많이 취하면 공격적으로 변하는데 그래도 아직 이성이 남아 있는 동안에는 그 자리에 없는 사람을 술안주로 삼아 이야기꽃을 피운다. 부하직원들의 능력을 꿰뚫지 못해 적재적소에 활용하지 못하는 무능한 상사, 일도 못하고 실수 연발인 주제에 일류 대학 출신임을 앞세워 거드름 피우는 신입사원 등이 좋은 안줏거리가 된다.

취하면 취할수록 더 호기로워져서 "내가 얼마나 잘난 사람인 줄 알아?" "나 이런 사람이야!"라고 소리치며 함께 술 마시는 상대에게 자신이 잘났음을 내세운다. 이 정도 상태에 이르면 상대도 못지않게 취한 터라 한껏 호기로워진 두 사람이 싸움을 벌이기도 한다.

과하게 술을 마시고 적극적으로 취하려는 남자는 평소에 업무 능력, 수입, 지위로 개개인의 가치를 평가하는 기업 사회의 파워 게임에 푹 빠져 있다고 볼 수 있다. 그들은 시장 가치 속에서 인정받고 성공하여 여자들에게 인기를 얻는 것이 진정한 남자다움이라고 믿어 의심치 않는다.

그러나 겉으로 강한 척하는 이들의 마음 깊숙한 곳에는 소심하고 내세울 것 없는 자신을 '난 형편없는 인간이야', '더 훌륭한 사람이 되어야 해'라고 다그치는 또 다른 내가 자리 잡고 있다. 그래서 타인에게 조금이라도 더 대단한 사람으로 보이려고 그렇게 애쓰는 것이다.

술을 마시지 않은 맑은 정신 상태일 때는 아직 이성이 기능하기 때문에 나름 겸허하게 행동하며 잘난 척하고 싶은 마음을 감추고 타인을 치켜세우기도 한다. 하지만 술을 잔뜩 마셔서 이성이 날아가고 본능만 남으면 평소에 깊이 잠재돼 있던 '자기확대', '만능감', '자기중심성' 같은 유아성이 슬그머니 고개를 든다. 그러면 어떻게든 자신의 대단함과 남자다움을 자랑하고 싶어 안달이 난다. 평소 남자답지 못하다고 생각해온 사람일수록 이런 경향이 강하고 취기가 부추기는 '강한 남자'라는 감각에 중독되기 쉽다. 하지만 술기운이 가시고 다시 이성이 돌아오면 무력함, 외로움이 더욱 깊은 농도로 찾아오고, 술에 취해 했던 행동을 되짚으며 심한 자책에 빠져버린다. 그러면 이러한 감정을 잊기 위해 다시 취한 상태로 도망치려 한다. 말 그대로 악순환에 빠지는 것이다.

여성이 마른 몸매로 시장에서 자신의 상품 가치를 높이려 하듯 남성은 권력과 부를 기반으로 한 강함을 내세워 자신의 상품 가치를 높이려 한다. 앞에서도 설명했지만 인간을 승자와 패자로만 가르는 이 파워 게임에 참가하는 순간 우리는 끝없는 외로움과 고통 속에 발을 들이게 된다는 사실을 명심해야 할 것이다.

## 48

노력하면 무엇이든 이룰 수 있다는 생각에
이미 광기가 잠재되어 있다.
술을 마시고 이성이 날아가기 때문에
광기에 휩싸이는 것이 아니다.
스스로 술을 끊을 수 있다 생각하고
자신의 무력함을 깨닫지 못하는 것을
광기라고 말한다.

## 내가 나를 컨트롤할 수 있다는 생각을 버려라

우리는 누구나 한정된 시간 안에서 구획된 공간을 오가며 살다가 죽는다. 예컨대 사이토 사토루가 일본인 남성이라는 사실은 내가 어떻게 할 수 없는 나의 한계다. 한편으로 나는 선조 때부터 대대손손 이어져온 인간이라는 생명체의 일부이며, 지구를 메운 인류라는 종의 하나이기도 하다. 이런 식으로 나를 인류의 일부분, 자연의 일부분이라고 생각하면 나의 힘을 초월한 인간성이란 것을 인식할 수 있다.

"난 끊겠다고 마음만 먹으면 언제든 끊을 수 있어." "다른 사람의 힘 따위 빌리지 않아도 내 문제는 내가 알아서 해결할 수 있어." 무언가에 중독된 사람이 버릇처럼 내뱉는 이런 말을 많이 들어봤을 것이다. 그리고 이런 말을 내뱉은 사람들이 알아서 문제를 해결하거나 한 번도 술을 끊겠다고 마음먹지 않는 모습 또한 쉽게 보아왔을 것이다.

알코올의존증 환자들의 회복을 돕는 첫걸음은 "나는 술에 무력했으며 내 삶을 스스로 수습할 수 없게 되었다"는 사실을 시인하도록 하는 것이다. 이것은 알코올의존증 환자를 위한 자조 모임 AA의 회복 프로그램 1단계이다. 2단계가 "우리보다 위대하신 힘이 우리를 맑은 정신으로 돌아오게 한다는 것을 믿게 되었다"이고, 3단계가 "그 신의 힘에 우리의 의지와 생명을 맡기기로 했다"이다.

혹시나 해서 덧붙이자면 '신' 혹은 '신의 힘' 같은 말을 들으면 종교적, 영적인 어떤 것을 떠올리기 쉬운데 내가 말하는 신의 힘이란 그런 것과는 다르다. 인간을 포함하여 모든 무기물과 유기물을 아우르는 거대한 자연의 힘, 인간의 지식을 초월한 힘을 가리킨다. 예컨대 거대한 산이나 폭포, 바다 같은 자연을 마주하면 그 풍경에 압도되어 나라는 존재가 아주 작은 모래 알갱이처럼 느껴지는 경험을 해보았을 것이다. 이것과 비슷한 감각이라고 생각하면 된다. 이런 위대한 자연의 아주 작고 작은 일부에 지나지 않는 것이 바로 인간이다.

이렇게 생각하면 보잘것없는 인간이 할 수 있는 것, 잘하는 것, 하려는 것은 정말이지 사소한 일에 불과하다. 조금이라도 위로 올라가려고 안간힘을 다해 발버둥 치면 어떻게든 올라가겠지만 그것 역시 위대한 자연의 섭리에서 바라보면 고작 수 밀리미터에 지나지 않을 것이다. 인간은 지극히 무력한 존재일 뿐이다.

그 사실은 인정하지 않고 자신을, 타인을 컨트롤하려 한다거나 의지만 있으면 무엇이든 할 수 있다고 믿으며 인간의 능력을 과대평가하는 사람이 많다. 자연을 지배할 수 있다 생각하며 무엇이든 자신의 뜻대로 조종할 수 있다는 이런 인간의 오만이야말로 광기가 아니면 무엇이란 말인가.

## 49

## 성숙한 사람은 외로울 때 무엇을 할까?
## 외로움이라는 부정적인 에너지를
## 긍정적인 에너지로 바꾸는 방법은 무엇일까?

## 성숙한 어른의 조건

외로움에는 '어른의 외로움'과 '아이의 외로움'이 있다. 아이의 외로움이란 매우 원시적인 감정으로 갓난아기가 갖는 감정이다. 아기가 어머니의 젖을 물지 못했을 때 느끼는 분노, 절망, 공허 등이 뒤섞인 감정이다. 만약 어른이 이런 감정을 느낀다면 외로움에 압도당해 무너지거나 외로움을 잊을 수 있는 무언가에 쉽게 빠져들고 만다.

어른의 외로움은 혼자 있을 때, 기대했던 인간관계가 끊어졌을 때, 충실감이나 고양감을 느낄 수 없어 허무해질 때 갖는 감정이다. 외로움에는 분노나 원망의 감정이 뒤범벅된 경우도 있지만 번잡한 여름이 지나고 가을이 되어 문득 느껴지는 자연스러운 외로움도 있다. 이런 감정은 어느 정도 정신이 성숙한 후에 느낄 수 있다.

성숙한 어른이라면 외로움이 찾아올 때 어떻게 대처할까? 먼저 친한 친구에게 연락해 만남을 가질 것이다. 나를 좋아해주고 내가 좋아하는 친구의 존재는 언제 만나든 충만감을 주기 때문이다.

아니면 옛사람과 혹은 같은 시대를 살아가지만 얼굴 한번 마주한 적 없는 유명인과 독서라는 형태로 대화를 나눈다. 그들의 지혜와 통찰을 배우고 흡수하며 외로움을 지적 풍요로움으로 채운다. 정신적으로 성숙한 사람은 고독할 때 쉽게 타인을 떠올리고 어떤 방법으로든 그들과 함께한다.

마지막으로 자신과 대화를 나누는 방법도 있다. 나의 가장 친한 친구는 나 자신이다. 눈앞의 풍경을 글로 옮기거나 그림으로 그리거나 골치 아픈 고민을 떨쳐낼 방법을 함께 논의할 수도 있다.

이런 자기와의 대화는 '셀프 토크'라는 인지행동 요법과 다르다. 셀프 토크는 모놀로그(독백)로서 자기비난이 주를 이루며 결과적으로 자기평가의 저하를 가져온다.

내가 말하는 자기 자신과의 대화는 어디까지나 다이얼로그(대화)지만 둘이서 나누는 대화와도 다르다. 나는 이것을 '1.5 대화'라고 부른다. 이런 형태의 대화는 공상이자 꿈이자 놀이다. 이 대화 속에서 시, 소설, 그림, 음악 같은 수많은 창작물이 탄생했다. 외로움은 창의력의 바탕이자 보고라고 할 수 있다.

성숙한 어른이라면 외로움에 짓눌리지 않고 외로움을 받아들인 채 즐기는 경지로까지 나아간다. 창의적인 작업을 하고, 지적인 성숙을 이루고, 주변 사람을 사랑하며 외로움을 좋은 에너지로 바꾸어 이용한다. 이처럼 외로움과 친하게 지낼 수 있을 때, 부정적인 감정에 휘둘리지 않고 그것이 지나가기를 차분히 기다릴 수 있을 때 우리는 그 사람을 성숙했다고 말한다. 달고 쓴 인생의 맛을 충분히 깊게 맛볼 수 있는 경지에 이르렀다고 말한다.

# 6장 : '되는 일이 하나도 없다'는 생각이 들 때

50

**불행이 잇따르는 가계가 있다.**
**불행은 운이 나빠서 오는 것이 아니라**
**대부분 본인의 성격이나**
**그동안 맺어온 인간관계의 패턴에서 생겨난다.**

## 운명을 바꾸는 습관의 힘

아이는 대부분 부모의 인간관계를 그대로 답습한다. 어쩌면 조부모 세대부터, 아니 그보다 훨씬 위 세대부터 반복되어 내려왔을지 모른다.

성질이 불같고 잔소리가 심한 아버지, 그런 아버지를 두려워하며 움츠리고 살아온 어머니. 기센 어머니와 심약한 아버지. 매우 강한 애착 관계를 맺고 있는 어머니와 아들. 다양한 모습을 띠고 있는 각각의 가계를 보고 있노라면 그 패턴이 반복되어 가족 구성원의 성격 형성에 영향을 끼쳤음을 알 수 있다.

무엇인가에 빠지는 중독도 세대를 초월하여 반복되기 쉽다. 예컨대 알코올의존증 남자와 결혼하는 여자가 많은 가계, 불행에서 벗어나고자 찾아간 종교 단체에서 더 나쁜 관계를 맺다 결국 만신창이가 되어버린 사람이 많은 가계, 술이나 도박에 빠지는 남자가 많은 가계, 일에 빠져 가정을 등한시하는 일중독자 또는 쉬지 않고 연애를 반복하는 연애의존증 환자가 많은 가계도 있다.

정해진 운명에서 벗어날 수 없다는 숙명론을 펼치려는 게 아니다. 가족 중 누군가가 이런 패턴을 의식하면 바꿀 수 있다는 이야기를 하려는 것이다.

결혼을 생각하고 있는 상대가 아버지와 비슷하게 '내가 하는 일을 무조건 반대하고 나를 자기 마음대로 통제하려는 경향'을 갖고 있음을 눈치챘다면 그 사람과 결혼해도 될지 아니면 다른 사람을 찾을지 냉정하게 생각해볼 수 있다.

이미 결혼했다면 아버지와 어머니가 어떤 관계를 맺어왔는지 차분히 더듬어본다. 그러면 자신이 왜 이 사람과 결혼했는지 그 단서를 찾을 수 있다.

평소에는 너무나 익숙해서 당연하다고 생각해왔던 것도 한 발짝 물러나 타인의 시선으로 바라보면 새로운 길을 발견할 수 있다. 헤어지겠다느니 이혼하겠다느니 온갖 소동을 벌여왔던 문제도 차분히 따져보면서 '헤어지지 않고 새롭게 시작해보는 건 어떨까' 또는 '역시 헤어져 각자의 길을 가는 게 좋겠어'라는 판단을 내릴 수 있다.

심각한 문제가 있음에도 변화하지 않는 이유는 결국 나아갈 방향을 모르기 때문이다. 우선 지금까지 걸어온 지도를 만들어 어떤 방식으로 어떻게 여기까지 왔는지 살펴본다. 왜 그렇게 되었을까. 이유를 전혀 모르는 상태에선 한 발도 뗄 수 없다. 하지만 지금 내가 처한 상황을 조금이나마 이해하게 된다면 어두운 밤길에 자그마한 등불을 손에 쥔 것처럼 한 발 한 발 앞으로 나아갈 수 있다. 이렇게 인간관계를 분석하고 재수정한다면 운명처럼 맞이해야만 했던 불행도 피해가게 될 것이다.

## 51

**삶의 방식과 인품과 인격은
내가 맺고 있는 인간관계가
좌우한다고 해도 과언이 아니다.**

# 성격을 바꾸고 싶은 사람들

진료실로 나를 찾아와 "성격을 바꾸고 싶다", "이런 내가 아닌 ○○씨처럼 되고 싶다"라고 하소연하는 사람들이 있다. 그 사람이 가진 고유한 성격을 굳이 바꿀 필요 없다고 생각하지만 원한다면 성격은 의외로 쉽게 바꿀 수 있다. 정말 ○○씨처럼 되고 싶다면 ○○씨와 똑같은 인간관계를 맺으면 된다.

이런 경우를 생각해보자. 무척 성실해서 지각 같은 건 꿈도 꾸지 못하는 사람이 있다. 이 사람은 타인 역시 약속한 시간을 정확히 지키기를 바란다. 달리 말하면 시간 감각이 없는 사람을 만나면 초조하고 불편하고 화가 나서 그런 사람과는 점점 만나지 않게 되고, 자신처럼 시간 약속을 칼같이 지키는 사람과만 교류하게 된다.

즉 그 사람처럼 성실하고 빈틈없는 사람들이 주위에 늘어난다. 빈틈없고 정확한 사람들은 타인에게도 빈틈을 허용하지 않으므로 그들과 관계 맺는 동안은 그 또한 계속해서 성실하게, 빈틈없이 행동해야 한다.

어느 날 이런 삶이 답답하게 느껴져 약속 시간에 조금 늦더라도 개의치 않는 느긋한 사람이 되고 싶어진다면 시간 따윈 신경 쓰지 않는 사람과 만나면 된다. 매번 약속 시간에 늦는 사람은 상대가 조금 늦어도 화를 내지 않는다. 그렇다면 그 사람은 지금까지처럼 약속 시간 10분 전에 약속 장소에 먼저 도착해 기다릴 필요가 없다.

이런 일상을 반복하면 늘 칼 같던 사람도 어느 순간 항상 5분, 10분씩 늦는 사람이 되어 있을 것이다. 어쩌면 지각이 당연한 사람, 1, 2분 늦는다고 동동거리지 않는 사람, 늘 유유자적하는 사람이 되지 않을까.

성격을 바꾸고 싶다면 내가 원하는 성격을 가진 사람들과 교류하면 된다. 친숙한 인간관계를 내려놓고 낯선 사람을 만나는 것이 두렵겠지만 변화에는 늘 과감한 용기가 필요한 법이다. 당신도 분명 스스로 삶의 방식을 바꿀 수 있다. 언제든 당신이 원하는 자신이 될 수 있다. 말로만 누군가를 부러워하지 말고 아주 작더라도 행동으로 변화를 실천해보자.

52

몸은 시간이 지나면 저절로 어른이 되지만
마음은 애정을 주면서 잘 가꾸어야만
비로소 어른이 된다.
마음이 충분히 어른으로 성장했다면
내면에 머무는 어린아이를
적당히 어르고 달랠 수 있다.

## 어른이 갖춰야 할 다섯 가지 능력

인간의 욕망은 사그라지지 않는다. 어른이 된 뒤에도 배가 고프데 돈이 없으면 빵을 훔치고, 이유 없이 불안해지면 아이처럼 누군가에게 어리광을 부린다. 하지만 이런 욕망을 고스란히 모두 다 드러낸다면 사회에서 제대로 된 어른으로 살아가기 어렵다.

절대 사라지지 않는 욕망을 비우기 위해 애쓸 게 아니라 적당히 채워가며 잘못된 방향으로 흐르지 않도록 조절해야 한다. 그리고 그러려면 내면에 자리 잡은 어린아이를 잘 달래어 사회에 적응해 살아갈 수 있는 어른의 능력을 익혀야 한다.

어른의 능력이란 무엇일까. 나는 다음과 같은 다섯 가지를 꼽는다. 현실을 파악하는 능력, 충동을 조절하는 능력, 자신을 긍정하는 능력, 적당히 하는 능력, 타인과 공감하는 능력.

일단 어른은 타인에게 의존하지 않고 살아갈 수 있어야 한다.

그러려면 당연히 경제력이 바탕이 되어야 한다. 경제력은 자신을 둘러싼 현실을 정확히 파악하는 능력과 충동을 조절하는 능력 없이는 갖추기 어렵다. 더불어 이 두 가지 능력에는 스스로 자신의 한계를 알고 잘못된 부분을 수정해가는 능력도 포함된다.

완벽하지 않은 모습까지 포함해 지금의 나 자신을 긍정하는 능력은 안전하고 좋은 인간관계를 만드는 데 꼭 필요하다. 자신을 긍정하는 사람은 자신이 타인에게 온전히 받아들여지고 사랑받는다고 느낀다. 그래서 남에게 좋지 않은 말을 듣거나 자신의 결점을 발견해도 솔직하게 인정하고 개선할 부분은 개선한다. 개인의 노력으로 바꿀 수 없거나 굳이 바꿀 필요 없다고 생각하는 부분은 그러려니 하고 넘어간다. 완벽하지 않으면 사랑받을 수 없다는 생각 따윈 하지 않으므로 있는 그대로의 자신을 받아들이는 타인과 편안한 관계를 맺는다. 사람들과 애정과 믿음을 주고받는 탄탄한 관계를 맺을 수 있으니 자신을 이용하거나 위험에 빠뜨리는 사람에게 의존하지 않거니와 누군가를 위해 자신의 삶을 희생하지도 않는다.

다음으로 적당히 하는 능력이란 지금 바로 할 일과 이다음에 할 일의 우선순위를 매기는 힘이다. 심혈을 기울여 완벽하게 해야 할 일과 직관적으로 대충 훑어봐도 될 일을 구분하는 능력이야말로 어른이 갖춰야 할 능력 중 가장 수준 높은 것이라 해도 좋다.

세상에서 눈에 띄는 업적을 이룬 사람은 대개 이 능력을 타고났다. 한편 재능을 타고났음에도 그것을 헛되이 하는 사람은 이 능력이 결여되었다고 본다.

공감하는 능력이란 체험을 공유하는 힘이다. 타인의 기쁨과 아픔을 함께 나누는 능력은 인간이라면 누구나 갖고 있는 것이다. 하지만 주변 사람들이 자신의 슬픔과 기쁨에 공감해주었던 경험을 간직한 사람이라면 그 능력을 더욱더 활짝 꽃피울 수 있다. 진짜 어른은 타인을 이해하며 타인의 감정에 공감하는 능력이 뛰어나다.

지금까지 설명한 다섯 가지 능력을 갖추면 불쑥불쑥 튀어나오는 욕망을 다스리며 내면에 살고 있는 어린아이와도 잘 지낼 수 있을 것이다. 몸은 시간이 지나면 저절로 어른이 되지만 마음은 애정을 주면서 잘 가꾸어야만 비로소 어른이 된다.

53

아내와 남편의 역할이 바뀌어도
동성끼리 살아도
혼자 살아도 괜찮다.
자신이 편한 삶의 형태를 찾아
즐겁게 살면 그만이다.
욕구를 충족시키고 싶다는 건
지극히 자연스럽고 건강한 생각이다.

## 다양한 삶의 형태를 추구하다

나 자신에게 스스로 반하지 않으면 자긍심을 가질 수 없다. 그렇다고 나는 사랑받는 게 당연하고 다른 사람은 사랑받지 않아도 상관없다고 생각하는 것은 바람직하지 않다. 자신에게 반한 사람, 스스로 '무엇과도 바꿀 수 없는 존재'라고 생각하는 사람은 타인 역시 자신과 똑같이 존엄성을 가진 인격체임을 자연스럽게 이해한다. 무력한 사람이 "나는 훌륭해!"라고 떠벌리는 것은 자신에게 반했다고 할 수 없다. 그것은 단순한 착각이다.

우리 모두는 자기애를 갖고 안락함과 쾌락을 추구하며 살아야 한다. 건전한 자부심을 가지면 자신의 쾌락을 위해 타인을 희생시키거나 자신만 행복해지려 하지 않는다.

왜냐하면 자기애가 강한 사람이 가장 먼저 갖는 욕구가 타인과의 관계에서 안락함을 얻는 것, 타인에게 받아들여지는 쾌락이기 때문이다. 타인에게 상처 주어서는 욕구를 채울 수 없고 쾌락도 얻지 못한다. 그 사실을 깨우치면 저절로 자신을 소중히 여기는 사람을 소중히 하게 된다. 바로 이런 관계에서 조화로움이 생겨난다.

이 조화로움은 두 사람의 관계 속에서 결정되며 정해진 매뉴얼 같은 것은 없다. 가족 관계에서도 마찬가지다. 매뉴얼화하면 매뉴얼에 따라 늘 화목한 가족을 연기해야 한다.

남편이 살림하고 아내가 밖에 나가 경제활동을 하거나, 남편의 직업이 재택근무가 가능한 분야라면 남편이 육아를 담당하는 식으로 다양한 형태의 가족을 꾸릴 수 있다. 이성과는 도저히 마음이 맞지 않아 함께 살 수 없다면 동성끼리 살아도 된다. 단순히 룸메이트 관계여도 괜찮고, 성적인 관계를 포함한 동거라도 괜찮다. 마음 맞는 친구를 찾아 동성끼리 가족을 만들어도 좋다. 사람은 누구나 집에 돌아오면 파트너가 반갑게 맞아주길, 안락함을 추구할 수 있는 가족을 갖길 원한다. 따라서 이성에게서 안락함을 찾지 못한다면 동성 파트너와 함께 살아도 상관없다.

타인과 함께 사는 것이 불편하고 서로 다른 생활 방식을 맞춰가는 게 번거롭다면, 혼자만의 시간과 공간을 소중히 여기는 사람이라면 굳이 누군가와 함께 살 필요 없다. 서로 동의한다면 가끔 파트너와 함께 생활하고 평소에는 혼자 살아도 된다.

이런 다양한 가족의 형태, 각양각색의 삶의 방식이 당연시되는 사회가 유연하고 좋은 사회가 아닐까. 선택지가 많을수록 개개인의 만족도가 높아지고, 삶에 만족하는 사람들이 늘어나면 사회 역시 더욱 건강해질 것이다.

## 54

우리는 모두 각각 다른
나만의 이야기를 쓸 수 있다.
언젠가 들통날 거짓 이야기가 아닌,
어디선가 들어본 남의 이야기가 아닌,
생생하고 독특하고 유일무이한
나만의 이야기를 써 내려가 보자.

## '나'만의 이야기를 만드는 힘

사람들은 자신에게 반한 사람의 눈에 비친 자기 모습을 바탕으로 자기(나) 이미지를 만든다. 유아의 '나'를 만드는 사람은 보통 어머니다. 유아와 어머니의 관계는 인간관계 중에서도 특수한 경우에 속한다. 연애를 제외하고 두 사람 사이에 이토록 농밀한 인간관계가 형성되는 경우는 매우 드물다. 어머니는 자기가 낳은 아이를 어떤 아이보다 사랑한다. 아이의 옹알이나 작은 몸짓에서 다양한 의미를 읽어내고 상냥하게 말을 걸어준다. 아이는 이런 어머니의 눈동자에 비친, 사랑해야 하고 소중히 여겨야 할 '나'를 단서로 자기 이미지를 만든다.

따라서 이 '나'는 자신에게 반하는 정도가 매우 강하다. 자기애가 강하다고 해도 좋다. 이것이 인격을 이루는 바탕이 된다.

인격이 확실하게 형성되면 다양한 경험을 통해 '나', 즉 자신을 강화한다. 나에게 상처 주는 경험은 배제하거나 무시하여 스스로 반한 '나'를 지킨다. 그러면서 '나'는 자신의 독창성과 위대함을 증명할 많은 이야기를 만든다.

하지만 어떤 사람들은 이 이야기를 잘 만들지 못한다. 원활하게 이야기를 만들 수 없기 때문에 술이나 약의 힘을 빌려 이 일을 해내려 한다. 이들은 자신의 힘, 재능, 독특함 등을 주제로 이야기를 만들려 한다. 하지만 이들이 만든 이야기는 환상 속에서만 존재할 뿐이며 현실로 돌아오면 모두 산산이 부서져 버리고 만다. 비참하고 무력한 한 인간인 자신을 인정할 수밖에 없는 때가 온다.

이렇듯 바닥을 쳤을 때 회복이 시작된다. 왜냐하면 그때가 되어야 비로소 과거의 수많은 억지 이야기가 사라지고 새로운 진짜 이야기가 시작되기 때문이다. 회복을 시작하기로 한 계기와 과정, 그 과정에서 만난 사람들이 이야기를 구성한다. 이 구성 요소가 확실하게 자리 잡으면 이후의 경험은 이야기를 더욱 강화하고 여기에서 진정한 의미의 성숙한 인간이 탄생해 매우 독특하고 재미있는 나의 이야기가 생겨난다.

세상에 하나밖에 존재하지 않는 나의 이야기는 어디서도 들어보지 못한 생생하고 흥미로운 이야기다. 하지만 '불쌍한 나의 이루지 못한 꿈'만 늘어놓으며 자기연민에서 벗어나지 못하거나 자신이 꿈꾸는 환상을 마치 실제 자신의 이야기인 양 거짓으로 꾸며놓으면 어디선가 들어본 것만 같은 이야기에, 쉽게 끝을 예측할 수 있는 이야기에 금세 지루해지고 만다.

타인의 이야기를 빌려다 쓰며 내 인생을 보잘것없는 이야기로 만들지 말고 '나'만의 '이야기'를 새롭게 써 내려가 보자.

55

아버지가 반복적으로 알코올을 남용하면,
가족 내에서 일어나는 모든 문제를
'술 탓'으로 돌릴 수 있다.
본질적인 문제를 보지 못하게 눈을 돌려
가족의 붕괴를 막는 역할을 한다.
때때로 가족에게는 이것이
구원이 되기도 한다.

## 문제의 본질은 따로 있다

어떤 병이나 증상, 문제 행동 등은 가족 시스템의 붕괴를 막는 역할을 한다. 아버지가 알코올의존증 환자라면 가족 내에선 언제 폭탄이 터질지 모르는 초조한 긴장감이 감돈다. 아버지의 알코올 남용이 이 긴장을 만들어낸 한편 이런 아버지의 병이 가족의 해체를 막는 버팀목이 되기도 한다.

알코올의존증인 아버지가 술을 마시지 않고 집에 있을 때 오히려 가족 내 긴장감이 높아지는 경향이 있다. 맑은 정신일 때 아버지는 내내 초조해하며 다른 가족을 불안에 떨게 만든다. 술이 들어가지 않으니 예민해져 작은 일에도 크게 화를 내고, 열등감이 고개를 들어 아무것도 아닌 말에 상처를 입고 분노를 토해낸다. 다른 가족들은 언제 아버지가 술을 마실까 긴장된 마음으로 지켜보다가 결국 술에 손을 대면 오히려 안도의 한숨을 내쉰다.

이런 긴장감 가득한 가족 안에서 혹은 매일 다투는 부모 밑에서 자란 아이는 약자에 가까운 부모, 즉 대부분의 경우 어머니를 위로하기 위해 다양한 역할을 연기한다. 어머니의 어린 카운슬러 역할, 가족 내의 분위기를 전환하는 분위기 메이커 역할, 공부나 운동을 잘해서 집안의 기대주로서 가족의 균열을 메우는 영웅 역할, 문제를 일으켜 부부의 위기에서 자신의 문제 행동으로 눈을 돌리게 하는 문제아 역할 등이다. 문제아의 아류랄까, 문제아보다 더 집요한 형태가 스스로 병에 걸리거나 비행을 저지르는 아이다.

나는 오랫동안 의사로서 환자들을 치료해왔지만 가정 폭력, 본드 흡입, 과식증, 거식증 같은 문제가 일어나는 절묘한 타이밍에 놀랄 때가 많다. 예컨대 등교를 거부하던 큰딸의 문제가 수습됨과 동시에 바통 터치라도 하듯 둘째 딸의 과식증 문제가 불거진다. 넓은 시각에서 가족 전체를 살펴보면 큰딸의 등교 거부도 둘째 딸의 과식증도 부모와의 연결고리를 찾아 가족 시스템을 유지하려는 움직임으로 볼 수 있다. 즉 증상(병) 그 자체가 가족 시스템을 유지하는 데 도움이 된다는 것이다.

반복되는 아버지의 알코올 남용은 '모든 것을 술 탓'으로 전가해 가족 내에 가로놓인 본질적인 문제를 유보하고, 그것에서 눈을 돌리게 하는 역할을 한다. 그러니 어떤 면에서 가족에게는 아버지의 병이, 딸들의 문제 행동이 구원이 되어주기도 할 것이다.

하지만 모두가 알고 있듯이 이런 대응은 언 발에 오줌 누기식 임기응변에 지나지 않는다. 게다가 가족의 붕괴를 막기 위해 멀쩡한 아이를 희생양 삼는 가혹한 처사이기도 하다. 문제의 본질에서 자꾸 눈을 돌려선 안 된다. 함께 있어 서로 상처 주기만 하는 관계라면 아무리 가족이라도 차라리 붕괴되어버리는 편이 낫다. 누군가의 인생을 희생해 지켜야 할 만큼 화목한 가족이라는 환상은 대단한 것이 아니다.

무너져 버리기 직전의 가족이 어떤 힘으로 버티고 있는지, 그 본질을 들여다봐야 한다.

56

경쟁 사회는 효율을 최우선으로 여긴다.
이런 사회에서 살아가는 사람들의 마음속에는
엄격한 자기 감시 장치가 내재되어 있다.
이 자기 감시 장치가 작동하면
사람들은 자신을 상급, 중급, 하급으로
혹은 시장에 내놓을 수 없는 규격 외 상품으로
가치 매기게 된다.

## 자기 감시 장치의 작동 원리

경쟁 사회는 효율만 높으면 다른 사람을 밀쳐내든 넘어뜨리든 개의치 않는다. 이곳에서는 타인과의 친밀함보다 자신의 시장 가치를 더 우선한다.

결혼 역시 시장의 가치로 결정되는 경우가 많고, 그러다 보니 부부간의 친밀성도 허울에 지나지 않는다. 남편은 늘씬하고 아름다운 아내를 얻어 자신의 빛나는 액세서리로 사용하려 하고, 아내는 든든한 경제력을 가진 남편을 만나 두둑한 지갑으로 사용하려 한다.

시장 가치를 우선해 만난 부부는 아이 역시 시장 가치로 바라본다. 부모의 내면에는 엄격한 자기 감시 장치가 내재되어 있어 그들의 출산이나 육아는 자신의 인생을 풍요롭게 하고 성공으로 이끄는 것이 되어야만 한다. 그래서 부모는 아이에게 기대했던 역할을 무던히 최선을 다해 수행할 것을 요구한다. 말로 하지 않아도 행동이나 눈빛으로 아이에게 호소한다. 우리 아이가 '규격 외'가 되는 것은 절대 용납할 수 없다.

만약 아이가 부모의 기대에 미치지 못하면 부모는 아이에게 실망하고 아이 역시 부모에게 그리고 자기 자신에게 실망한다. 아이는 부모가 자신을 있는 그대로 인정해주기를 갈망하기 때문이다. 부모를 실망시켰다고 믿는 아이는 고개를 들지 못할 만큼 죄책감을 안는다. '나는 이것밖에 안 되는 사람인가, 나는 못났다' 생각하며 스스로 벌을 주거나 반대로 "내가 태어나고 싶어서 태어났어? 도대체 왜 날 낳은 거야? 당신들이 나를 잘못 키웠잖아!"라고 소리치며 반항한다.

부모든 아이든 의식적으로 시장 가치를 우선하진 않을 것이다. 경쟁 사회에서 살아가면서 사회가 높이 쳐주는 가치, 인정받는 가치를 맹목적으로 좇으며 별생각 없이 받아들인 탓이 크다. 이 사회에서 어떻게든 뒤처지지 않고 살아남기 위해, 잘 생존해내기 위해 사회에 흐르는 사고방식을 받아들여 내면화한 것이다.

서로의 사고방식이 맞아 함께 사는 부부라면, 그것이 자신들의 선택이라면 크게 문제 되진 않는다. 매일 불안과 긴장 속에서 살아야 해 편안한 삶을 보내긴 어렵겠지만 자신의 선택에 책임지며 살면 된다. 하지만 부모의 내면에 자리 잡은 자기 감시 장치가 아이에게 향하면 아이의 인생은 죄책감과 자기비난, 자기혐오의 사이클 안으로 들어가고 만다. 아이가 있는 부모라면 과연 내가 아이에게 어떤 가치를 전해주고 있는지 한번 돌아볼 필요가 있다.

# 7장 : 나에게 상처 준 사람을 용서할 수 없을 때

## 57

**욕구가 채워지지 않을 때 나타나는**
**자연스러운 반응이 분노이며**
**분노는 그 사람이 지닌 욕구의 모습이다.**
**분노를 세련된 형태로 정리한 것이**
**자기표현과 자기주장이다.**

## 분노가 억압되는
## 세 가지 구조

비행, 자살 시도, 등교 거부, 섭식장애, 다양한 의존증 등 일반적으로 문제 행동이라 불리는 것은 자기표현의 하나라고 볼 수 있다. 평소 욕구를 표현하거나 분노를 드러내지 못하는 사람들이 보이는 왜곡된 자기표현이라고 생각하면 훨씬 이해하기 쉬울 것이다.

분노나 욕구를 주장하지 못하는 사람은 항상 긴장감이 감도는 가정에서 자랐을 확률이 높다. 부부간의 다툼, 아버지의 폭력, 할머니와 어머니의 갈등 등으로 늘 불화하는 가정에서 자란 아이는 부모의 사랑을 당연한 것으로 기대하기 어려워 부모가 마음에 들어 할 만한 아이로 자신을 꾸미려 애쓴다. 당연히 기대할 수 있는, 무엇보다 우선해야 할 부모의 사랑을 금지당한 아이는 마음 깊숙이 절망과 분노를 차곡차곡 쌓아간다.

이 절망과 분노가 세련된 형태로 정리되어 표현된 것이 자기 주장이다. 갓난아기 때는 울음으로 욕구를 표현하지만 점점 성장하면서 어느 순간부터 그것이 불가능해진다. 마음이 발달하면서 자신과 타인의 구별이 명확해지면 타인과의 관계를 신경 쓰기 때문이다. 언제까지나 내 뜻대로 해달라고 울면서 떼쓸 수는 없는 노릇인 것이다.

분노가 억압되는 구조는 다음의 세 가지를 생각할 수 있다.

첫 번째, 분노가 상대를 망가뜨리고 파괴한다는 공포에 따른 억압이다. 이 구조는 2세를 전후로 작용하기 시작한다. 공포로 인해 분노를 억압하는 아이 중 일부는 자신의 분노가 상대를 망가뜨린다는 공포가 너무 강해 성장함에 따라 극단적으로 얌전하게, 순종적으로 행동하기도 한다.

두 번째, 화를 내면 상대에게 미움받고 버림받을지도 모른다는 불안에 따른 억압이다. 이 억압 역시 어릴 때부터 시작된다.

세 번째, 마음은 분노로 가득한데 상대가 너무 강해 일단 꼬리를 내리는 억압이다. 자기 몸을 안전하게 지키기 위한 이런 생활 기술적인 분노의 억압 형태는 보통 어른에게서 볼 수 있다.

유아는 자신이 누군가에게 의존하지 않으면 살아갈 수 없는 무력한 존재임을 인식하지 못하고, 자기중심적인 세계 속에서 주위의 모든 것을 자기 뜻대로 움직인다는 환상에 사로잡혀 살아간다. 이것이 바로 '유아적 만능감'이다. 유아는 욕구가 채워지지 않아 화가 날 때마다 만능감으로 부모를 망가뜨린다. 하지만 망가뜨리고 망가뜨려도 부모는 아무렇지 않은 얼굴로 그 자리에서 바로 자신의 욕구를 채워준다.

이런 일이 반복되면서 아이의 마음에는 '이렇게 끊임없이 내 욕구를 채워주니 고맙네. 나도 뭔가 보상을 해야 할 텐데'라는 '보상' 감정이 싹튼다. 하지만 마음대로 보상할 수 없는 상황에서 이 감정은 '억울抑鬱'이라 불리는 형태로 변화하며 그때까지 없었던 '난 형편없는 녀석'이라는 우울함과 침통함의 근원이 된다.

이렇듯 욕구가 채워지지 않아 생기는 유아의 분노 중 일부는 억울 감정에 흡수되고, 성장하여 언어 능력과 인지기능이 발달함에 따라 타인에게 받아들여지기 쉬운 방식으로 표현할 수 있게 된다. 즉 자기표현 혹은 자기주장이라 불리는 것으로 변모해가는 것이다.

이런 과정을 제대로 밟지 못하고 분노나 욕구가 억압된 채로 살아가면 이 감정은 마음 깊숙이 쌓여 사라지지 않는다. 그리고 언젠가는 문제 행동으로 혹은 증상으로 분출되고 만다.

58

**내 욕망을 드러내면 미움받을까 두려워서**
**분노를 감추고 자기주장을 하지 않는**
**'착한 아이'들은**
**마음속에 분노를 차곡차곡 쌓아둔다.**
**점점 쌓인 분노는 원망으로 변해버리고**
**'착한 아이'들의 삶은 점점 힘들어진다.**

## '착한 아이'들이 갖는 분노의 형태

분노의 억압은 더 강력한 분노의 협박이 있을 때 일어난다. 위압적이고 강박적인 부모는 아이를 얌전하게 만들 수 있지만 그런 부모 밑에서 자란 아이의 마음에는 분노가 휘몰아쳐 사라지지 않는다.

부모의 으름장은 아이의 정신 발달을 방해하고 아이의 분노는 좀처럼 자기주장의 형태로 정리되지 않는다. 이런 아이가 자라 힘을 갖게 되면 주위를 폭력으로 억압하는 사람이 된다. 폭력을 행사하는 어른은 어릴 때 어른에게 폭행당한 경험을 갖고 있을 것이다. 분노는 욕구가 채워지지 않을 때 생기는 정상적인 마음의 반응인 만큼 분노를 표현하는 것을 두려워하면 욕구 자체를 두려워하게 된다.

여기에서 감정의 둔화가 시작된다. 감정이 둔해지면 분노뿐 아니라 기쁨의 감각 역시 사라지고 마침내 무언가를 갈망하고 그 갈망을 채워가는 '삶의 기쁨' 자체가 희미해진다.

한편 이런 성장 과정을 거치며 표현되지 못하고 왜곡된 감정은 차곡차곡 내면에 쌓여간다. 출구를 잃은 분노는 부패하고 변질하여 원망으로 바뀐다. 분노는 생리적인 현상이지만 원망은 병리적인 감정이다. 분노는 일시적이지만 원망은 지속돼 그 사람의 생활 전반을 지배한다. 분노는 상대의 사랑을 바라지만 원망은 상대의 파멸을 바란다. 원망의 감정이 생기기 쉬운 환경에서는 모든 인간관계가 이 감정으로 오염된다. 모두를 원망의 대상으로 삼으면 매사에 심술궂은 행동을 보이고, 점점 인간관계가 단절되고 고립되어간다.

비극적이게도 가장 원망하는 상대는 가장 사랑받고 싶어 하는 상대이기도 하다. 따라서 이런 고립화는 절망을 초래한다. 인생의 초반기에 원망의 감정을 품으면 삶이 힘들어진다. 앞서 말했듯이 원망의 감정에 오염된 사람은 주변 사람을 모두 적으로 간주해 이후 맺는 인간관계를 차례차례 부패시키는데 어릴 때부터 원망을 품은 사람은 그만큼 원망의 대상이 많아지기 때문이다.

원망으로 가득한 사람들이 잔뜩 찌푸린 불행한 얼굴을 하고 있느냐 하면 그렇지 않다. 오히려 상대에게 갖고 있는 불신을 덮으려는 듯 생글생글 웃는 얼굴을 보인다. 조심스러운 태도로 처음

만난 사람에게 호감을 사는 이들이 많다. 말하자면 '미소 가면'을 쓴 사람들인 것이다.

하지만 결국 미소 가면을 쓴 사람들은 시간이 갈수록 원망의 감정이 배어 나와 누군가와 진정으로 깊은 관계를 맺을 수 없게 된다. 하나하나 원망의 대상으로 삼는 사람을, 자신의 상처를 타인에게 전가하려는 사람을, 아무 잘못도 없는 사람에게 책임을 뒤집어씌우려는 사람을 참고 견디며 진정으로 사랑할 수 있는 사람은 아마 아무도 없을 것이다.

59

메시지는 메시지를 보내는 사람이
받는 사람을 컨트롤하는 측면이 있다.
분노 혹은 물리적 힘을 이용해서,
자신의 병을 인질 삼아 주변 사람을
자신에게 봉사하도록 만드는 것이
이러한 메시지의 기본 구조이다.

## "죽고 싶다"라는 말의 힘

인간은 욕구 덩어리라 해도 과언이 아니다. 갓난아기 때는 울음으로 '욕구가 충족되지 않았다, 불만족스럽다'는 메시지를 보낸다. 메시지(신호)는 그것이 무엇이든 상대의 일정한 반응(행동)을 기대한다. 메시지에는 반드시 그 메시지를 받는 사람이 필요하고, 보내는 사람이 받는 사람을 컨트롤하는 측면이 있다.

예컨대 마음의 병을 가진 사람은 상대의 도움을 바라고 메시지를 보내 상대를 컨트롤하려 한다. 우울증이 바로 전형적인 예이다. 우울증에 걸린 사람이 "아침에 일어날 수가 없어", "오늘 하루도 혼자라고 생각하면 견딜 수가 없어", "죽고 싶어"라고 말한다면 이 말을 들은 사람은 그 사람을 돌볼 수밖에 없다. 이런 식으로 주위 사람들을 자신에게 봉사하도록 만드는 것이 이러한 메시지의 기본 구조이다.

유아는 분노라는 형태로 메시지를 보내지만, 분노로는 아무 때나 타인을 컨트롤할 수 없다. 유아는 머지않아 자신의 한계를 깨닫는다. 악을 쓰며 화를 내봐도 요구가 통하지 않고 통하게 할 방법도 모르는 자신의 무력함을 피부로 깨달으면 아이는 절망하고 본래의 무력한 상태로 되돌아온다. 억울한 상태가 되는 것이다. 하지만 이런 무력한 상태가 오히려 주위 어른들의 관심을 끌고, 결국 자신의 욕구가 채워진다는 사실을 알게 된다.

분노나 물리적 힘을 이용해 타인을 컨트롤하는 방법은 성장한 후에도 일정한 효과를 볼 수 있다. 평생 타인을 컨트롤하려 하는 인간은 이 방법을 점점 세련된 형태로 진화시킨다. 앞서 든 우울증의 예에서도 알 수 있듯이 어떤 증상을 이용해 타인을 확실히 컨트롤할 수 있다는 사실을 깨달으면 그 증상은 고정화되어 회복과는 점점 멀어진다.

따라서 치료자는 증상이 누구를 향해 있는지 신중하게 검토할 필요가 있다. 증상이 오래갈 경우, 분명 그 증상을 유지하도록 받쳐주는 사람이 있다. 증상을 '호소하는 쪽', 즉 환자는 무의식중에 증상으로 상대를 지배하고 조종한다. 이런 모호하고 성가신 방법을 사용하지 않고 "나는 이렇게 하고 싶다", "이렇게 해달라"라고 분명하게 말하면 좋으련만 환자는 이런 일반적인 소통 방식을 사용하지 못하는 상태에 있다. 또한 증상을 받쳐주는 사람 역시 자신을 조종해줄 사람을 필요로 하기 때문에 '호소하는 쪽'과 '조종당하는 사람'이 끈끈하게 이어져 있다면 증상을 치료하기가 훨씬 어려워진다. 이럴 경우엔 '조종당하는 사람' 역시 치료를 받는 것이 좋다. 두 사람이 함께 이 사이클에서 빠져나와야지, 한쪽만 빠져나오고 다른 한쪽은 그대로 있으면 언젠가 다시 이 관계를 반복할 가능성이 높아지기 때문이다.

## 60

우리 인생에서도 재고 조사를 통해
썩은 사과를 골라내야 한다.
우리 삶의 썩은 사과는
인생을 갉아먹는 '원망'이다.

## 원망 버리기 연습

알코올의존증 환자를 위한 자조 모임 AA에는 회복에 이르는 열두 단계가 명시돼 있다. 그중 4단계에 '인생의 재고 조사'라는 말이 나온다. 이와 관련해 AA의 성서라 불리는 『빅북Big Book』에 다음과 같은 내용이 실려 있다.

"재고 정리를 해서 못 쓰는 상품, 즉 썩은 사과를 버리지 않으면 가게는 망한다. 우리 인생도 재고 정리를 해서 썩은 사과를 찾아내야만 한다. 우리 인생에서 썩은 사과는 원망이다. 원망을 찾아내어 원망했던 사람, 원망했던 일, 상처받았다고 생각하는 자신의 소유물(재산, 야심 등) 같은 리스트를 적어보자. 그 리스트를 한 사람에게 보여주고 그것에 관해 서로 평가하자."

이 작업을 통해 우리는 자신의 인간관계를 기나긴 시간의 흐름 속에 위치시킬 수 있다. 시간의 긴 흐름을 의식함으로써 우주의 크기를 실감하고 자신의 삶을 되돌아보면 지금껏 숙명이나 악연으로 생각했던 것을 다르게 바라볼 수 있다.

예컨대 지금까지 원망의 대상이었던 부모가 힘들고 고단한 삶을 헤쳐 나오면서도 자신을 조금이나마 더 사랑하려고 애썼음을 이해하게 된다. 지금껏 '새카만 암흑'이라고만 생각해왔던 자신의 과거가 사실은 반짝이는 빛을 품고 있었음을, 절망적인 시절에도 간혹 기쁨이 찾아왔음을 느낄 것이다. 이런 작업을 '체험의 재편성'이라고 한다.

자신의 과거에 비쳤던 환한 빛을 깨닫고, 함께 자신의 과거를 만들어온 주변 사람들에게 감사하는 마음이 싹트기 시작했다면 그다음에는 당신이 상처를 주었다고 생각하는 사람들의 리스트를 만들어본다. 아마 당신에게 상처를 주었다고 생각하는 사람들의 리스트와 놀랄 만큼 일치할 것이다.

이런 행동을 통해 지금까지 인간관계를 맺으며 형성해온 습관이 수정되기 시작한다. 관계를 맺을 때 나오는 습관이란 다름 아닌 '인격'이다. 따라서 습관을 수정한다는 건 인격을 수정한다는 것 또는 사람을 변화시키는 것과 같다.

늘 그렇지만 어디에 초점을 맞추느냐가 중요하다. 미운 감정, 아팠던 기억만 붙잡고 있으면 그것만 점점 확대되어 보인다. 멀리서 보면 작은 알갱이에 불과한 감정에 점점 가까이 다가가 얼굴을 들이밀면 시야에는 그 감정만 가득 차게 되는 것과 같다. 그렇다면 반대로 평소에 관심 기울이지 않았던 사랑과 기쁨에 가까이 다가가 보면 어떨까. 가까이 볼 대상을 바꾸는 것이다. 이렇게 조금씩 조금씩 수정해나가다 보면 언젠가는 전혀 달라진 내 모습을 발견하게 될 것이다.

61

인품은 결국 사람을 사귀는 습관이다.
인품이 훌륭하면
사람을 사귀는 습관 역시 훌륭하다.
처음 어떤 습관을 들이느냐에 따라
나의 인품과 인격이 결정된다.

## 첫 단추를 제대로 끼우지 못하면

알코올의존증 환자의 특징 중 하나는 자연스러운 인간관계를 맺지 못한다는 것이다. 그런 사람은 '있는 그대로의 나로 존재해선 안 된다'고 생각한다. 어떤 의미에선 대인공포증과도 비슷하다. 매일 이런 생각에 시달린다면 맑은 정신으로 살아가기 괴로울 것이다.

그들이 가진 또 다른 특징은 걸핏하면 화를 낸다는 것이다. 단순히 성질이 급할 뿐 아니라 몹시 비뚤어져서 원망이 잦다. 예컨대 병원에서 "새 환자가 들어왔으니 자리를 옮겨주시겠어요"라는 말만 들어도 차별받았다느니 무시당했다느니 소동을 벌이며 알코올의존증을 치료하기 위해 애써 찾아온 병원을 뛰쳐나간다.

이런 사람들은 사대적인 데다 권위적이기까지 하다. 잘난 척하는 것 치고는 신념이랄 것도 없어 지배 세력이나 풍조에 영합

하여 잇속을 챙기고, 모든 가치를 특정 권력, 위엄, 권위로 판단한다. 병원에서 "자리를 옮겨달라"는 말을 간호사가 하면 고압적인 태도로 위협하고 의사가 하면 의외로 순순히 따른다.

의사로서 나는 이런 사람들의 내면을 어느 정도 짐작할 수 있기 때문에 이들을 이해하고 넘어가지만 이 상태로는 사회 속에서 다른 사람들과 어울려 살아갈 수 없다. 보통 사람들은 이들의 태도를 이해해주지 않는다. 고독해지지 않으려면, 타인과 어울려 살아가는 인생의 즐거움을 누리려면, 타인에게 폐 끼치지 않고 살아가려면 당연히 이 부분을 수정해야 한다.

인품이나 인격은 결국 사람을 사귀는 습관이다. 습관은 레코드판에 팬 홈과 같다. 레코드판에 홈이 파이면 바늘이 그 부분에 걸려 계속 같은 멜로디만 반복해 들려준다. 습관도 한번 생기면 계속 반복하게 되는 것이다. 모든 사물과 모든 행동을 보고 접할 때마다 새로 익혀야 한다면 인간은 쉽게 지쳐버리고 말 것이다. 요컨대 습관은 에너지를 절약했다가 꼭 필요한 곳에 사용하기 위해 반드시 필요하다. 이런 습관이 사람을 사귈 때 인품이나 인격 같은 이름으로 불리는 것이다.

습관이 자리 잡으면 그 후의 체험을 판독하는 '사전'이나 '참고서' 같은 정보 프로그램이 마련된다. 그리고 이후 일어나는 일은 이 사전이나 참고서를 바탕으로 해석되므로 이것이 왜곡되어 있으면 그 후의 체험이 전부 왜곡되고 만다. 따라서 첫 단추를 어떻게 끼우느냐가, 어떤 습관에 발을 들이느냐가 매우 중요하다. 인품이나 인격을 고치고 싶다면 내가 사람을 사귈 때 어떤 습관을 갖고 있는지 살펴볼 필요가 있다.

## 62

무기력이 인간을
어떻게 허수아비로 만드는지
당사자가 느끼는 공포가
얼마나 거대한지
그걸 지켜보는 사람은
미처 이해하지 못한다.
아무런 이해 없이 그저
"왜 도망치지 않느냐"고
"어리석다"고 타박만 늘어놓는다.

## '학습된 무기력'을 학습하라

순간적으로 화가 폭발하면 걷잡을 수 없이 위험해지는 남자가 있다. 이런 남자들은 자존심이 하늘을 찔러 아주 사소한 말에도 상처받기 쉽다. 따라서 그들의 내면에는 자신에게 상처 준 사람들을 향한 분노가 차곡차곡 쌓여 있고 이렇게 쌓인 분노가 원망으로 변질되어 가슴을 가득 메우고 있다.

공교롭게도 그들에게 가장 상처 주는 사람은 그들이 가장 사랑하는 사람, 가장 안식을 얻고 싶어 하고 기대고 싶어 하는 사람이다. 가장 사랑하는 사람에게 바라는 만큼 안식을 얻지 못하면 그들은 그 대상을 원망한다. 아들은 자신의 기분을 몰라주는 어머니를 욕하고, 남편은 엄마처럼 자신을 돌봐주지 않는 아내를 때린다.

그런 사고가 합리적인지 아닌지는 성찰하지 않고 '아내가 내

의견을 따르지 않는다', '나를 소중히 여기지 않는다', '나를 무시한다'라고 느껴 상처받는 남자들도 있다.

자신의 상처를 폭력으로 표현하는 남자들은 시도 때도 없이 폭력을 행사하지 않는다. 폭력을 행사한 직후엔 사랑하는 사람이 곁을 떠날까 봐 두려워 눈물을 쏟으며 사과하지만 시간이 흐를수록 이전에 받았던 상처까지 곱씹으며 더 크게 분노한다.

아내는 그동안의 경험으로 남편의 상태를 눈치채고 남편을 어르고 달래며 기분을 맞춰준다. 어떨 땐 남편이 정말 변한 것처럼 보이기도 해 아내는 이제야말로 남편을 컨트롤할 수 있다고 생각한다. 하지만 곧 남편은 다시 폭력을 휘두르고 아내의 이런 노력은 모두 물거품이 되어버린다. 한번 시작된 폭력은 행사하는 사람이 그동안 축적해온 신체적, 심리적 긴장을 모조리 방출할 때까지 계속되어 참담한 결과를 낳는다.

미국의 심리학자 마틴 셀리그먼은 아무리 노력해도 원하는 결과를 얻지 못했던 경험이 계속 반복되면 무엇을 해도 소용없다는 생각에 빠져 그 상황에서 벗어날 시도조차 하지 않게 되는 '학습된 무기력' 개념을 제창했다. 셀리그먼은 강한 충격을 받아도 도망칠 수 없었던 개는 도망칠 수 있는 환경에 처해도 도망가지 않고 가만히 있는다는 사실을 실험을 통해 증명했고, 이는 인간 역시 마찬가지일 것이라 판단했다.

폭력적인 남자와 사는 여자는 셀리그먼의 실험에 등장하는 개와 같은 상태에 처했다고 볼 수 있다. 일종의 무기력 상태가 되어 도망칠 기회가 주어져도 도망칠 수 없게 된다.

이 같은 폭력 사건이 뉴스에 대대적으로 보도될 때마다 사람들은 "멀쩡한 사람이 왜 도망치지 못했을까, 저 불구덩이 속으로 왜 제 발로 걸어 들어갔을까" 안타까워하기도, 한심해하기도 한다. 무기력이 인간을 어떻게 허수아비로 만드는지, 당사자가 느끼는 공포가 얼마나 거대한지 미처 이해하지 못하기 때문이다.

## 63

가족다운 기능이 결여된
기능 부재 가정에서 자란 아이는
부모의 인생을 그대로 답습한다.
"나는 엄마처럼 살기 싫어."
"난 아버지처럼은 되지 않을 거야."
아이는 부모를 미워하며
부모와는 전혀 다른 인생을 살려 하지만
결국 부모가 걸어온 길을
그대로 따라갈 수밖에 없다.

# 기능 부재 가정이 드리운 상처

알코올의존증 치료로 시작된 나의 연구는 가정 폭력, 섭식장애 등을 거쳐 가족 문제 연구로까지 이어졌다. 가족 문제를 들여다보면서 언어 폭력, 물리적 폭력뿐 아니라 다양한 문제를 가진 가족이 정말 많다는 사실을 깨달았다.

'화목한 가족'이라는 이상 아래서 얼마나 많은 가족이 병들어 가고 있는지, 그 이상과 조금만 달라도 어떻게 비정상 가족 취급을 받는지, 정상적인 가족처럼 보이기 위해 개인의 욕망과 행복을 어떻게 억압하고 감추어왔는지 너무나 생생하게 알 수 있었다.

"나는 엄마처럼 살기 싫어." "난 아버지처럼은 되지 않을 거야." 많은 아이가 이렇게 다짐하지만 가족다운 기능이 결여된 기능 부재 가정에서 자란 아이의 무의식에는 부모의 삶이 선명하게 각인되고, 결국 아이는 부모의 삶을 그대로 답습한다.

알코올의존증에 빠진 부모 밑에서 자란 아이는 알코올의존증에 걸리거나 알코올을 대체하는 다른 무언가에 의존한 채 독립된 인생을 살아가지 못한다. 자주 다투며 불화하는 부모 밑에서 자란 아이는 누군가를 돌보고 희생하는 데 몰두해 정작 자신의 삶은 내팽개치고 만다. 폭력을 행사하는 부모 밑에서 자란 아이는 부모의 폭력성을 그대로 물려받아 가까운 사람들에게 폭력을 휘두르며 고독한 인생을 살아간다.

상처받기 싫고 외로움에서 벗어나기 위해 몸부림치지만 그들이 알고 있는 상처받지 않는 법, 잠시나마 외로움에서 벗어나는 법은 부모가 알려준 그 방법밖에 없다. 부모가 보여준 세상이 전부인 아이는 그것을 당연하게 여기며 어릴 적 배운 방법으로만 문제를 해결하려 한다.

아이는 때로 부모를 미워하며 부모와는 전혀 다른 인생을 살겠다고 다짐하지만 결국 거울에 비친 것처럼 부모의 삶과 좌우 방향만 다른, 같은 형태의 삶을 살게 된다.

시간이 흐르고 나이를 먹을수록 어른의 삶, 부모의 삶이 무거워지는 이유는 그들의 삶이 아이의 세상 전부를 이룰 수 있기 때문이다. 획일화된 삶, 경쟁에 참여해 꼭 이겨야만 하는 삶만을 아이에게 강요하기보다는 다양한 삶의 형태를 보여주고, 허락하고, 아이의 새로운 삶을 응원해야 하는 이유가 바로 여기에 있다.

그리고 이런 응원은 작은 사회인 가족 안에서부터 시작되는 게 좋다. 가장 사랑하는 사람, 가장 믿을 수 있는 사람들이 보내주는 응원이야말로 험한 세상을 헤쳐 나가는 데 진정으로 큰 힘이 되기 때문이다.

## 64

**비행, 일탈 같은 질병 속에**
**참 자기의 생존을 건 몸부림이**
**선명하게 보일 때가 있다.**

## 참 자기와 거짓 자기

참 자기는 생생한 현실 속에 존재하는 자신으로서 자신이 하는 일이나 생각에 긍정감을 갖고 있다. 이런 감각을 지닌 사람은 자신이 타인에게 사랑받고 받아들여지는 것을 당연하게 여기는 건강한 자기애를 갖추었다. 설령 역경에 처해도 견뎌낼 수 있고, 그 경험을 좋은 기억이나 즐거운 추억으로 바꾸는 힘이 있다. 타인의 악의와 맞닥뜨려도 현실에 굴하지 않고 상황에 대처할 수 있는 유연함을 갖추었다.

참 자기의 반대되는 개념이 거짓 자기false self다. 거짓 자기란 앞서 나온 소아과 의사이자 정신분석학자인 도널드 위니콧이 자주 사용한 용어로서 타인의 욕구에 자신을 맞추는 성격적 측면을 말한다. 위니콧은 거짓 자기를 원망의 감정을 품기 쉽고 분노를 표출하거나 물건을 훔치는 것 같은 중독 충동을 적절히 컨트롤하지 못하는 인품으로 묘사했다.

그러나 내 생각은 조금 다르다. 왜곡된 성격은 참 자기와 거짓 자기라는 두 개의 자신 사이의 긴장 관계에서 비롯된 산물이라고 본다.

거짓 자기의 힘이 센 사람은 자신이 하는 일이나 생각에 자신감을 갖지 못한다. 자신의 모든 것이 왠지 거짓 같고 타인에게 아첨한다는 기분이 머리를 맴돌아 생생한 현실을 즐길 수 없다. 이런 사람은 나쁜 경험을 모두 타인에게 받은 부당한 악의처럼 느껴 즉시 타인을 원망한다. 그 결과 과거에 겪은 모든 일을 악의에 휘둘린 비참한 경험, 어두운 경험으로 만들어버린다. 아무리 경제적으로 풍족하게 자랐어도 이런 사람들의 인간관계는 그 자리만 모면하면 된다는 식의 아첨과 아부로 이루어져 있어, 본인을 상처내고 그것이 다시 타인을 향한 원망의 씨앗이 되는 악순환이 반복된다.

그렇지만 세상에는 거짓 자기만으로 똘똘 뭉친 사람도, 온전히 참 자기인 사람도 없다. 거짓 자기와 참 자기가 서로 뒤섞여 인격을 만들어낸다. 참 부분이 많은 사람은 거짓 부분을 인간관계 속에 세련되게 버무려 사교적인 태도를 보이며 참 자기를 지키는 데 활용한다. 이런 사람이 보통 건강한 사람이다.

거짓 부분의 힘이 세고, 그 힘에 눌려 참 부분이 은폐되어 있으면 참 자기는 거짓 자기의 가면을 부수고 밖으로 나오려 한다. 이때 엄격한 자기비판이 생겨 증상이라 불리는 행동이 시작된다. 즉 정신적인 증상은 참 자기에 의한 회복의 몸부림이자 참 자기가 보내는 구조 신호라 할 수 있다.

65

**내 마음속 아이의 욕망에 귀를 기울이자.**
**나 자신을 인정하고 용서하고 사랑해줄 사람은**
**바로 나 자신이다.**
**당신은 지금 이미**
**있는 그대로의 나를 위해**
**살아갈 능력을 지니고 있다.**

## 인생에
## 정답은 없다

그동안 나는 누구를 위해 살아왔을까? 과연 누구에게 분노를 쏟아내 왔을까? 곰곰이 생각해보자. 타인을 위해 살아오면서 나 자신에게만 분노를 토해내지 않았는가? 이제 그만 나를 위한 인생을 살아가자. "이건 내 잘못이 아니잖아! 네 탓이잖아!" 타인에게 분노를 표출해도 된다. 내 안의 욕망을 꽁꽁 숨겨두지 말고 표현하고 추구하며 살 수 있을 때 당신 앞에는 꽃길이 펼쳐질 것이다.

남들 눈에 번듯한 어른으로 보이고 싶어서, 부모님의 잔소리가 지겨워서 가기 싫은 직장에 취업했거나 결혼했다면 스스로 책임을 저버린 것이다. 내가 책임져야 할 내 인생을 타인에게 책임지라고 떠넘긴 것이다.

자신의 진짜 욕망을 추구하며 살아가는 삶은 지금까지 들어왔던 "체면을 생각하라"는 어른의 사고방식에서 보면 미성숙할지도 모른다. 하지만 그래도 괜찮다. 취직도, 결혼도, 출산도 하나의 선택일 뿐이지 어른의 필수 요건은 아니다. 스스로의 선택에 책임을 지고 결과를 받아들이는 것이야말로 성숙한 어른의 자세이며 자신을 위해 살아가는 방법이다.

1년마다 파트너를 갈아치워도 괜찮다. 남편은 필요 없지만 아이는 갖고 싶다면 인공수정을 하거나 양자를 들이면 된다. 동성 커플이면 어떤가. 스스로 원할 때 좋아하는 사람과 함께하는 것을 목표로 삼고 그것을 실천하며 살면 된다.

누구를 위해서도 아닌, 누구 때문도 아닌, 스스로 행복해지는 것이 당신이 가장 먼저 해야 할 일이다. 당신이 매 순간 자신을 소중히 여기며 살아갈 때, 마음속에서 꿈틀대는 감정과 욕망 역시 소중해지고, 딱딱하게 굳어 있던 '~다움'이라는 고정관념에서도 자유로워질 것이다. 자신에게 필요한 것, 자신의 한계도 자연스럽게 눈에 들어올 것이다.

욕망에 충실하더라도 타인과 서로 공감하며 조화롭게 살아갈 수 있다. 당신의 마음 깊은 곳에 자리한 욕망은 타인과 조화롭게 유대를 맺으며 살아가기를 갈망하기 때문이다. 당신이 당신 자신에게 반하고 또 반할수록 타인을 향한 깊은 애정이 솟아 나와 외로움이 사라질 것이다.

인생에 정해진 레일은 없다. 일정한 모델도 없다. 스스로 '이 정도면 됐다'라고 만족할 수 있는 레일을 깔고 그 위를 걸어가면 된다. 누군가에게 "그 길로 가면 안 돼"라고 제지당했다고 해서, 누군가에게 "그 길로 가도 돼"라고 허락받았다고 해서 책임을 떠넘겨선 안 된다.

자신의 욕망을 인정하고 긍정하며 살아가면 더는 주변에 '이래라저래라' 사사건건 간섭하는 사람들이 존재하지 않을 것이다. 당당하고 자신감 넘치는 당신의 모습에 사람들이 저절로 입을 닫을 것이기 때문이다. 당신은 당신 자신을 위해 살아갈 수 있는 능력을 손에 쥐고 있다. 자신의 가능성을 믿어보자.

**엮은이** 기즈키 지아키 木附千晶

임상심리사이자 가족문제상담소 이치가야의 공동 대표, 어린이권리조약(CRC) 일본 이사다. 분쿄가쿠인대학에서 학생들을 가르치고 있다. 저널리스트로 활동하던 중 학대받는 아이, 시설이나 양부모 밑에서 자라는 아이를 취재하며 아이의 성장과 인격 형성 문제에 흥미를 갖고 심리학의 길로 들어섰다. 가족, 중독, 어덜트 칠드런 문제를 전문적으로 다룬다. 아이의 권리 조약에 관해 강연과 집필 활동을 활발히 펼치고 있으며, 부모의 이혼과 별거에 따른 아이의 면회 교류 지원, 펫로스 증후군 케어에도 종사하고 있다. 저서로는 『길 잃은 미짱, 지역 고양이와 상가 재생 이야기』『아이의 힘을 키우는 권리 조약 핸드북』 등이 있다.

**옮긴이** 장은주

일본어 전문 번역가. 일본어 통번역 프리랜서로 활동하던 중 활자의 매력에 이끌려 번역의 길로 들어섰다. 『혼자 있는 시간의 힘』『잡담이 능력이다』『스물아홉 생일, 1년 후 죽기로 결심했다』『불필요한 것과 헤어지기』『인생에 화를 내봤자』『일상을 심플하게』『스님의 산뜻한 인간관계 정돈법』 등을 우리말로 옮겼다.

# 나는 왜 나에게만 가혹할까

1판 1쇄 펴낸 날 2020년 1월 20일

지은이 | 사이토 사토루
엮은이 | 기즈키 지아키
옮긴이 | 장은주

편 집 | 안희주
경영지원 | 진달래

펴낸이 | 박경란
펴낸곳 | 심플라이프
등 록 | 제2011-000219호(2011년 8월 8일)
주 소 | 경기도 파주시 광인사길 88 3층 302호 (문발동)
전 화 | 031-941-3887, 3880
팩 스 | 031-941-3667
이메일 | simplebooks@naver.com
블로그 | http://simplebooks.blog.me

ISBN 979-11-86757-54-3 03180



• 이 도서의 국립중앙도서관 출판시도서목록(CIP)은 서지정보유통지원시스템 홈페이지(http://seoji.nl.go.kr)와 국가자료공동목록시스템(http://www.nl.go.kr/kolisnet)에서 이용하실 수 있습니다.(CIP제어번호: 2019052710)